ある日、戦争がはじまった

12歳のウクライナ人少女イエバの日記

イエバ・スカリエツカ

神原里枝 訳

Yeva Skalietska

You Don't Know What War Is

You Don't Know What War Is :
The Diary of a Young Girl from Ukraine

First published in Great Britain 2022 by Bloomsbury Publishing Plc

Japanese translation rights arranged with Iryna Skalietska on behalf of Yeva Skalietska c/o Marianne Gunn O'Connor Literary, Film & TV Agency represented by The Agency srl. through Japan UNI Agency, Inc.

本書は、作者であるイエバ・スカリエツカが、記憶《きおく》をもとに実際の出来事を記録したものです。
ただし、今もウクライナに住む人々や、未成年者などのプライバシーを保護するために、
特定の人物の名前や特徴《とくちょう》を、一部変更《へんこう》しています。

また、イエバはロシアとの国境近くに住むウクライナ人の多くがそうであるように、
ロシア語とウクライナ語を話しますが、この日記(原書)はほぼロシア語で書かれています。

目次　Contents

はじめに

文：マイケル・モーパーゴ

1943年10月5日生まれ。イギリス出身。
『戦火の馬』などの児童文学で知られる作家、詩人。

『You Don't Know What War Is（あなたは戦争が何なのか知らない）』

この作品（原書）の題名にぴったりの表現で、すばらしい挑戦状《ちょうせんじょう》でもあり、戦争がどういうものなのかをわかっている人の、心からわき上がってきた言葉だ。まず、この本を読んでみよう。そうすれば、作者であるイエバが、はっきりした声で語る真実が聞こえてくるだろう。読み終えたあとも、あなたはまだ、戦争とは何なのか、つかめないかもしれない。だとしても、戦争を乗りこえて、今日まで生き延びてきたさまざまな世代の人たち、家族や地域の人々が、戦争とどう向き合ってきたかがよくわかるだろう。一度、この作品に目を通したら、私たちはイエバの言葉をかみしめながら戦争を体験したことになる。そして、忘れることはない。ひとりの若手作家であるイエバの物語が、あなたの心に焼きつけられるはずだ。彼女《かのじょ》は、いつもと変わらない日常生活から地獄《じごく》につき落とされたけれど、最終的には救いの手をさしのべられた。絶対にさけて通れなかった戦争の体験記は、私たちの記憶《きおく》にきざまれることだろう。

私はこれまでに、戦争に関する物語を書いてきた。ずっと昔の戦争や世界大戦をテーマに、人間どうしによるむごい仕打ちや、だれもが喪失感《そうしつかん》をかかえながらも戦い続ける勇気、苦しみや悲しみにたえる能力、生き残ろうとする意志、そして平和と和解を求める気持ちなどをえがいてきた。しかし、リアルに戦争を体験したイエバとはちがって、私は、戦争が何なのかわかっていない。

私は、1943年に生まれた。疎開《そかい》した経験があるので、ある意味、私も難民だったが、その記憶《きおく》はない。戦後のロンドンで育ったことは覚えている。戦時中は廃墟《はいきょ》に囲まれ、わが家のとなりでは爆撃《ばくげき》が起きた。私たちが、戦争ごっこをして遊んでいた場所だ。母は、自分の兄のピーターのことを話すとき、悲しそうな顔をした。ピーターはすばらしい若手俳優だったそうだが、英国空軍にいた21歳《さい》のときに戦死したのだ。マントルピース（暖炉《だんろ》の周りをかこう装飾《そうしょく》のこと）に置かれた写真の中のその人は、いつも私をじっと見つめていた。おじにあたるこの人のことを、私は知らない。でも、今となっては、他の親せきのだれよりもこのおじの顔を知っているし、記憶《きおく》に残っている。彼《かれ》はマントルピースからはなれることはなく、年を取ることもなかった。

当時、私は通学中に負傷兵を見かけた。上着に勲章《くんしょう》を留めた兵士が店の前の舗道《ほどう》にへたりこみ、そのそばで犬が体を縮めて横たわっていた。私はたびたび、この通学路をつっきった。それは、犬をさけるためでもあったが、負傷兵を見たくない、というのが主な理由だった。負傷兵は、ズボンの片方にしか脚《あし》を通しておらず、もう一方は空っぽのまま、きれいに折りたたまれていた。その姿を見て、戦争が人間の肉体に残すつめあとを、くり返し思い出したくなかったからだ。

私の家族は、戦争によってばらばらになった。父は生き残ったものの、母との結婚《けっこん》生活はうまくいかなかった。戦争は、戦いが終わってしばらくたってもぐずぐずと続き、人生をむしばむ。だから、私が戦争について、また、終戦や和解、平和を願う気持ちについて、何度も書くのはおかしなことではない。

これまでにない、戦争のリアルがえがかれたこの本を読み、私の心が大きくゆさぶられたのも不思議な話ではない。戦争が、イエバの人生や家族、彼女《かのじょ》を取り巻く社会や国に与《あた》えた影響《えいきょう》は衝撃的《しょうげきてき》なものだった。彼女《かのじょ》が、その影響《えいきょう》について直接語った言葉の強さや力は、私が書く戦争小説にはないものだ。この作品には、自分の周りで世界が崩壊《ほうかい》していく中で、イエバ自身が体験した戦争そのものがえがかれているからだ。

イエバの日記を読めば、戦争は、ジャーナリストが語るものでもなければ、テレビや映画作品、歴史や作り話として語られるものでもないということに気がつく。戦争とは、毎日、毎晩を生きることだ。戦争が始まると、人は直感で生きるようになり、何もかもが、われわれの目の前であっという間に変化する。だから、イエバの作品からは目がはなせない。人生も世界も、まるごとダメにしてしまうものなのだ。イエバは、『アンネの日記』の作者であるアンネ・フランクのように、本書で真実を語っている。すべての年代の人は、それに耳をかたむけるべきだ。彼女《かのじょ》の言葉によって、戦争を理解でき、それはやがて、和解へとつながる。なぜなら、イエバの言葉によって、戦争とともに生きた人たちが戦争をどうとらえているかがわかり、記憶《きおく》にも残るからだ。

しかも、いつだって希望があるということを、思い出させてくれるからだ。

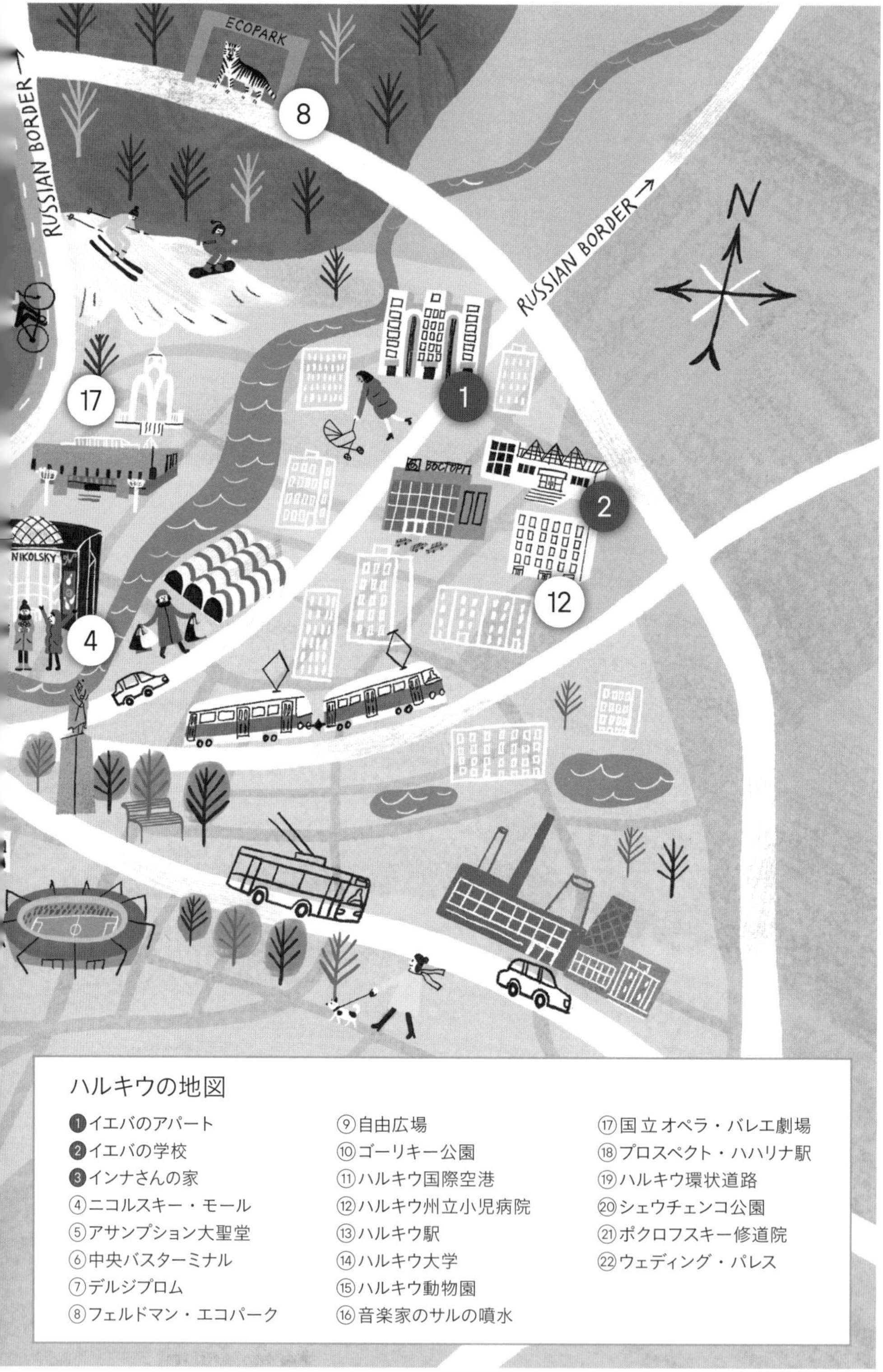

ハルキウの地図

❶イエバのアパート
❷イエバの学校
❸インナさんの家
④ニコルスキー・モール
⑤アサンプション大聖堂
⑥中央バスターミナル
⑦デルジプロム
⑧フェルドマン・エコパーク
⑨自由広場
⑩ゴーリキー公園
⑪ハルキウ国際空港
⑫ハルキウ州立小児病院
⑬ハルキウ駅
⑭ハルキウ大学
⑮ハルキウ動物園
⑯音楽家のサルの噴水
⑰国立オペラ・バレエ劇場
⑱プロスペクト・ハハリナ駅
⑲ハルキウ環状道路
⑳シェウチェンコ公園
㉑ポクロフスキー修道院
㉒ウェディング・パレス

KHARKIV
19
15
10
16
20
7
22
13
21
14
9
5
KYIV
6
18
DNIPRO
3
11

プロローグ

「戦争」という言葉を知らない人はいない。
でも、その本当の意味を知っている人はほとんどいない。
おそろしいもの、こわいもの、っていうかもしれないけれど、
そのすさまじさは、経験したことがなければわからない。

だから、いきなり戦争が始まると、
人は完全にうろたえ、
恐怖《きょうふ》と絶望に出口をふさがれたように感じる。
どんなことを計画していても全部ダメになるし、
予告なく中断される。

経験してみて初めてわかるもの、
それが「戦争」だ。

戦争がはじまる前のこと

Before

2022年2月14日

ウクライナへの侵攻《しんこう》をさけるため、
最後通告を行う首脳陣《しゅのうじん》
——タイムズ

ロシアによるウクライナ侵攻《しんこう》、
「今すぐにも」米大統領補佐官
——CNN

ウクライナ大統領
「2月16日を国民結束の日に」
——キーウ・ポスト

戦争まで秒読み
——デイリー・ミラー

わたしの誕生日・充実《じゅうじつ》した毎日

2月14日は、朝早くに目が覚めた。今日はわたしの誕生日。12歳《さい》になる。ってことは、もうすぐティーンエイジャーだ！　部屋にしかけられたサプライズを発見。風船がかざりつけてあるよ！　しかも5つも！　シルバー、ピンク、ゴールド、それにターコイズブルーの風船が2つ。このあとも、まだまだお楽しみがあると思うとワクワクする。

スマホには、続々と誕生日のお祝いメッセージが届いている。アパートを出る前に、すでに7人からメッセージが！　学校に着いたら、みんなが廊下《ろうか》で立ち止まって「誕生日おめでとう！」って声をかけてくれる。1日中、ニコニコしっぱなしだったから、そのうち顔が痛くなってきちゃった。土曜日にはニコルスキー・モールで誕生日祝いのボウリングパーティーをする予定。招待状も配ったし、みんな楽しみにしてくれているよ！

授業が終わったら家に帰る。一緒《いっしょ》に暮らしているのはイリナおばあちゃん。ママがトルコから帰って来たときは、ママとズィナおばあちゃん、ヨシップおじいちゃんとお泊《と》まりする。ママは誕生日に来てくれるけど、パパは仕事で海外に住んでいるから、今年は来られないみたい。イリナおばあちゃんやおじさん、おばさん、それに年下のいとこも集まって、誕生日の特別なティーパーティーを開いてもらった。わたしは、ピアノでチャイコフスキーのワルツや、ヴェートーベンの『エリーゼのために』をひく。みんなが聞いてくれて、とっても気分がいい。ティーパーティーでは、ちょっとつまめるものやサンドイッチ、そして、なんといっても、ろうそくを立てたおいしいケーキを食べたんだよ！

2月19日

待ちに待ったこの日、わたしたちはボウリング場へ出発！　ボウリング、大好きなんだよね。ピンをめがけて、重いボールを投げる。ピンをたおして点を取る。ああ、楽しい！ボウリング場で友達と合流した。誕生日祝いには、お金をプレゼントしてくれる子がたくさんいるけれど、同じクラスのある男の子からは、お金よりももっとすてきなプレゼントをもらった……かわいらしい花束と、ペンダントがついた小さくてきれいなイタリア製のシルバーチェーン。もう、めちゃくちゃうれしい。１００万回くらいお礼を言ったけれど、それが心からのお礼だってこと、わたしの目を見て感じ取ってくれているといいな。

さあ、ゲーム開始。最初に投げ始めたわたしがうまくいっているのは、前にやったこと

ついにこの日がきた！　わたしの12回目の誕生日！　ボウリングパーティーにて、プレゼントにかこまれるわたし。とっても幸せ。

があるからなんだ。絶対に負けないんだから！　ボールを投げるのが楽しくて、次に自分の番が回ってくるのが待ち遠しい。オリハも順調そう。コスチャは、光のような速さでボールを投げているけれど、方向がめちゃくちゃなせいでおもしろくなさげだ。タラスはランニングスタートがうまくできればストライクが取れると思っていて、本当にそれでうまくいっているからおもしろそう。2ラウンド中、1ラウンドはわたしの勝ち。わたしは負けずぎらいだけど、結局は、だれが勝ってもいい。みんなと一緒《いっしょ》にいられれば、それが一番いいんだ。

2月20日

翌日、ママはトルコへ出発した。わたしが2歳《さい》のときに両親は離婚《りこん》して、それ以来、わたしはイリナおばあちゃんと暮らしている。ふたりきりだけど、とても幸せだよ。

（右）絵をかくことは、わたしの趣味《しゅみ》のひとつ。
（左）ハルキウのアパートにて、学校へ行く準備をするわたし。

わたしの毎日は、いそがしい。週に2回、英語教室に通っている。英語の勉強って本当に楽しい。毎週日曜には、ピアノのレッスンで市内の中心部まで出かける。大きな窓のある古い家や、1913年に建てられたウェディング・パレスの前を通りかかるんだけど、ここにはいろんなお店がそろっているから最高だよ。

ハルキウ(*1)には、美しい場所がいっぱいある。市内の中心部やシェウチェンコ公園、動物園、ゴーリキー公園。シェウチェンコ公園は特に美しくて、音楽が流れるすてきな噴水《ふんすい》があるんだ。彫刻《ちょうこく》でできた音楽家のサルが、いろんな楽器をひいているんだよ。近くには、めちゃくちゃかっこいいイルカの水族館があって、シロイルカなどいろんな種類を見物できる。きれいに舗装《ほそう》された通路の先には、デルジプロムという、自由広場(*2)にある高層ビル群が広がっているし、いやされたければ、おばあちゃんと一緒《いっしょ》にポクロフスキー修道院を訪れるのがお決まりだ。

わたしは学校で過ごす時間が大好き。友達と一緒《いっしょ》に勉強したり、笑い合ったりする時間がめちゃめちゃ楽しい。授業には遅刻《ちこく》しないようにいつも気をつけている。授業と授業の間にある休み時間も大好きで、特に長い休憩《きゅうけい》時間は大のお気に入り。だって、いつでも親友のエウヘンとオリハと楽しく過ごせるんだもん。わたしたちは、学校中を小型ロケットみたいにくねくねと走り回っているんだ。好きな科目は、地理、数学、英語、それにドイツ語で、授業が終わると、友達と一緒《いっしょ》に歩いて帰る。

わたしは、イリナおばあちゃんと暮らすアパートのリビングが大好き。座り心地のいいアームチェアが置いてあって、ゆったりといい気分でくつろげる。かわいらしい小さな机で宿題をすませたら、部屋の真ん中に、イーゼルと油絵の具を準備する。ひらめいたら、いつでも座って絵をかくんだ。寝室《しんしつ》のベッドでは、ピンク色の猫《ねこ》がいつも待っている。ぎゅっと抱きしめたくなるほどかわいいぬいぐるみで、わたしのお気に入りなんだ。ソーセージみたいに長くて、おなかが白いから「チュパペリャ」って名前をつけた。なぜそんな名前をつけたのか、どういう意味なのかは自分でもわからないんだけど、チュパペリャって名前にしちゃったんだ。

　リビングの窓からは街並みが見えるし、寝室《しんしつ》の窓からはいくつかの家と広大な空き地が見えて、その先にはロシアとの国境が続いている。

　アパートの広いキッチンには、イタリア製の家具がいっぱい並んでいる。すみっこには、背の高いヤシの木を植えた鉢《はち》が置いてある。おばあちゃんと、たくさんの植物を育てているんだ。マッサージジェットつきの大きなバスタブに、温かいお湯を入れてつかるのも本当にワクワクする。ハルキウの北東郊外《こうがい》のすてきな地域にある、大好きなわたしの家。宿題はいつもたっぷり。宿題を片づけたら、テレビの時間。そして、気ままにねむりにつく。わたしは、こんな感じで暮らしている。ロシアについてのうわさや、ざわめきが聞こえてくることはあるけれど、あくまでもそれはそれ。ちょっとしたうわさでしかない。2月14日を、わたしはいつもどおりに過ごした。2月15日、16日、17日……2022年2月24日の真夜中までは、いつもどおり。平和な時間を過ごしていた。


（＊1）イエバの出身地。ウクライナ北東部に位置する国内第二の都市で、産業と学術の中心。2021年時点で人口は約150万人。

（＊2）ウクライナ最大の市民広場。その一角に並ぶデルジプロムという建築物は旧ソビエト連邦《れんぽう》の時代に建てられ、旧ソ連初の高層ビルとして有名。

ある日、戦争がはじまった

War In Ukraine

2022年2月24日

ウクライナ、ロシア軍の侵攻《しんこう》を前に
非常事態を宣言
——アイリッシュ・タイムズ

ウクライナ第二の都市、
ハルキウにひびきわたる遠くからの爆音《ばくおん》
——ワシントン・ポスト

ロシアがつき進んでいるのは「悪の道」
ウクライナのゼレンスキー大統領の見解
——CNN

ロシア軍、ウクライナに侵攻《しんこう》
——キーウ・ポスト

世界が「危機の瞬間《しゅんかん》」をむかえている
国連が声明発表
——インディペンデント

1日目

その日の明け方は、いつもと何も変わりはなかった。わたしはぐっすりねむっていたけれど、朝早くに、なぜだか急に目が覚めた。寝室《しんしつ》を出て、リビングで寝《ね》ようと思った。ソファに横たわって目を閉じ、ねむりにつく。

午前5時10分：突然《とつぜん》、通りに激しくひびきわたる金属音で目が覚めた。最初は、車をくだいて鉄くずにしている音かと思った。でも、わたしの家の近くには、廃棄物《はいきぶつ》処理場なんてないから、おかしい。

これ……、爆発音《ばくはつおん》だ。

おばあちゃんは窓際に立っていた。ロシアとの国境のほうに目を向けている。大地の上空を飛ぶミサイルを見ていたのだ。いきなり巨大《きょだい》なロケット弾《だん》が飛んできて、ものすごい勢いで爆発《ばくはつ》した。心臓が、こおりついたような感じがした。

車の警報装置が鳴りひびく。おばあちゃんは、なんとか冷静でいようとしている。わたしのもとにやってきて、「プーチンって、本気でウクライナと戦争を始めようとしているんだろうか……？」と言った。

わたしは絶望した。言葉が見つからない。おばあちゃんがうそをついているわけじゃない。そうわかっていても、とても信じられなかった。これまでに戦争の話は聞いてきたけれど、体験したことは一度もない。こわかった。

考える時間もなかった。もし戦争が始まったら、どうすべきなのか、だれも教えてくれなかった。戦争に備えていた人なんてひとりもいない。わたしも、おばあちゃんも、近所の人たちも。ただ、このアパートを出て、地下室に行かなければならないことだけはわかっていた。

手はふるえ、歯はガチガチ鳴る。恐怖《きょうふ》におしつぶされそうだ。わたしは、初めてパニック発作を起こしていることに気づいた。おばあちゃんは、わたしを落ち着かせようとして「やるべきことに集中しなさい」と言った。アパートを出る前に、おばあちゃんは、金の十字架《じゅうじか》のペンダントを首にかけてくれた。洗礼式のときにもらったもので、身につけるのは、今日が初めてだ。それから、おばあちゃんは、宝石箱を衣装部屋にかくした。

スマホを確認する。校内のチャットで、今、何が起きているのかについてのやりとりが始まっていた。

いったん準備ができたので、地下室へと向かった。そこで、またも恐怖《きょうふ》におそわれた。

息ができなくなり、手が冷たくなって、汗《あせ》ばむ。

戦争が、始まってしまったんだ。

爆発音《ばくはつおん》、騒音《そうおん》。わたしの心臓は、大きく脈をうっている。恐怖《きょうふ》とうるささで、頭が回らない。涙《なみだ》があふれてきた――大好きな人のことも、そして自分自身のことも、心配になる。

避難《ひなん》した地下室は、防空壕《ぼうくうごう》として作られているわけではなかった。あちこちに温水と冷水のパイプが通っている。ほこりもいっぱい。天井もかなり低い。小さな窓からは、街並みが見わたせる。ただ、爆風《ばくふう》にあおられてガラスの破片でケガをしないようにと、男の人たちが土のうを積み上げて窓をふさいだ。たくさんの人たちが、地下室に降りてきていた。しばらくすると静かになったので、勇気を出して外に出た。スマホを取り出し、ニュースを開く。みんなが集まって、大声で話し、今、起きていることを理解しようとしていた。でも、その後……するどい音の砲撃《ほうげき》が立て続けに起きた。防空壕《ぼうくうごう》がわりになっている地下室へ、急いでもどった。

それから、わたしは3度目のパニック発作におそわれ、涙《なみだ》が出てきた。数え切れないほど多くの爆発音《ばくはつおん》がひびいている……。

午前11時30分：うちの近所の人がATMで現金を引き出そうとしたんだけど、ツイてな

ナディア
音、聞こえたよね? 6:22

イエバ
うん 6:23

イエバ
こわいよ 6:23

マイロン
何なんだよ、これ! 6:23

ミーシャ
マジでこわいよ 6:31

トーリャ
ほんとに。うちのそばで爆発《ばくはつ》が起きた。めっちゃこわい 6:31

トーリャ
100メートル先だ 6:32

マイロン
戦車だ 6:32

マイロン
また爆発《ばくはつ》してる 6:32

マイロン
もう一発きた 6:33

ミーシャ
うん 6:33

マイロン
どうしよう、どうしよう 6:33

ルスラン
みんな、心配ないって 6:34

ルスラン
落ち着こう 6:34

マイロン
あったまいい。そんなの楽勝だ! 6:34

ルスラン
神様のご加護があれば、全部うまくいくさ 6:34

ミーシャ
うん 6:34

イエバ
ねえ、みんな。外に出てみたんだけど、こげくさいよ 6:34

かった。そこには、機関銃《きかんじゅう》を持ったウクライナの兵士がいて、また爆発《ばくはつ》が起きた。だから、みんなあわてて家へ帰ったらしい。近所の人も、こわくなって走ってもどったって。うちのそばに並んでいる共同住宅にも、ウクライナの兵士がいるみたい。

それを聞いたわたしは、友達全員に電話して、みんなどうしているのか聞き出した。強《きょう》烈《れつ》な体験をした子もいた。学校の友達のマリナは、ひどい交通渋滞《じゅうたい》のせいで、防空壕《ぼうくうごう》まで行くのに何時間もかかったらしい。オリハはどこにも行くつもりはない、って言って、自宅にこもっている。

自宅がゆれている、って子がいた。それに、自宅から１００メートルほどの場所で爆発《ばくはつ》が起きたって子も。窓がガタガタと鳴っていた、って子もいる。

ただ、これは地獄《じごく》の始まりにすぎなかった。

午後０時30分：おばあちゃんを説得して、ちょっとだけ家に帰った。体をさっと洗って、お昼を食べた。起こったことをそのまま書き留めたくて、日記帳も持って出た。ノートパソコン、絵をかくのに使う紙とえんぴつ、ちょっとした食料、まくらと毛布も何枚かひっつかんだ。それから、地下室へもどった。

午後3時20分：今から30分後に、飛行機や軍隊が来て、爆弾《ばくだん》が投下されるといううわさを聞いた。

午後4時：まだ、何も起きていない。みんな、不安げに顔を見合わせている。以前は、天気のいい日にハッとすることなんてなかった。おだやかな空は、ごくふつうに広がっていた。でも、今は全然ちがう。これまでに、戦闘《せんとう》に巻きこまれた子どもたちの話を聞いても、それがどれほどおそろしいものなのか、まったくわからなかった。でも、地下室に5時間もこもっている今なら、またちがった見方ができる。苦痛や恐怖《きょうふ》を味わいながら、戦争のおそろしさがはっきりとわかる。わたしを取り巻く世界は、がらりと変わった。何もかもがちがう色に見える。青い空、明るい太陽、新鮮《しんせん》な空気、そのすべてが美しいと思う。今となっては、そのすべてが喜ぶべきものなんだとわかる。

1時間ごとに、ニュースで新しいうわさが流れていた。このときのわたしはそのうちのひとつを信じていて、この日記を書いたって時間のむだかもしれないとさえ思っていた。それは、ロシアがウクライナから軍を撤退《てったい》させ、ハルキウは独立を守ったといううわさ。でも、爆発音《ばくはつおん》や砲撃音《ほうげきおん》は鳴りやまないから、それは〝デマ〟だとすぐにわかった。今、わからないことはひとつだけ。夜になったら、どうするの？　ってことだ。戦時中は夜と朝が一番こわい、と聞いたことがある。何が起こるかわからないから。時がたつのを待って、様子を見るしかないのだろう。

午後4時55分：戦いが起きている。機関銃《きかんじゅう》の音？　それともミサイルが発射されたの？　わからない。

古びた箱の中から段ボールを何枚か見つけたので、さっき、ひっつかんだ数枚の毛布とまくらを置いてベッドみたいなものを作り、寝床《ねどこ》にした。テーブルといすをいくつか、それに数種類のボードゲームを持ってきてくれた人もいた。わたしたち子どもが、今起こっていることから目をそらせるようにしてくれているのだ。

地下室には、出口が左右にあって、道路に出られるようになっているけれど、こわすぎて外に出られない。地下室は、アパートの端《はし》から端《はし》までの長さがあって、長いトンネルのように延びている。男の人たちがトイレの場所を教えてくれた。みんな、わかっていることだけど、しばらくはここにいるのだろう。

男の人たちが、ドアのひとつにカギをつけた。夜になったら、わたしたちがカギをかけられるようにしてくれたのだ。もう一方のドアにもカギがつけてあるかどうか確認したけれど、ない。すると突然《とつぜん》、友達のナディアが部屋に飛びこんできた。大人たちがドアを閉

戦争開始から数時間後、自宅アパートの下にある地下室へ。近所の子たちとゲームをして、今起こっていることから気をそらせている。

めようとしているところだった。ナディアはわたしを思いきり抱《だ》きしめたので、わたしもギュッと抱《だ》きしめた。彼女《かのじょ》を落ち着かせたかった。だって、ふるえているんだもん。通りにひびく爆発音《ばくはつおん》を聞いたんだそうだ。

午後6時40分：すっかり暗くなっている。新鮮《しんせん》な空気を吸おうと外に出る。静かだな。そう思って地下室へ引き返した。

ナディアは、家族とともにさっさと家に帰ろうとしたが、その矢先……ドーン！　爆発《ばくはつ》が起きた。結局、ナディア一家はその場にとどまることにした。大人たちは、最悪の事態はまだ続くと口をそろえる。夜10時から朝6時まで夜間外出禁止令が出たそうだ。いつ砲《ほう》撃《げき》が始まるかわからないから、だれもここを出てはいけないとも言われている。そうなんだ……。今夜は、あまりねむれそうにないな。

午後9時：時間の流れが、こんなにもゆっくりだと感じたのは初めてだ。爆撃《ばくげき》は絶え間なく続いている。ロシアがウクライナを包囲し、ハルキウに降伏《こうふく》をせまっているそうだ。また爆撃《ばくげき》が起きた。パニック発作が出そう。おばあちゃんが抱《だ》きしめてくれた。こわくてたまらない。明日には水や電気を止めなければならないといううわさもある。でも、わたしたちは絶望的な状態にも負けないつもり。いのるしかない。

だれもが、自分のことを考えるだけで精いっぱいだ。寝《ね》ている（あるいは、そのふりをしているだけの）人もいる。友達や家族と電話で話している人もいれば、次に何をすべきかを考えている人もいる。最新のニュースを伝える人もいる。いすに座ったまま、何も言わずにうずくまっているお年寄りも。わたしたち子どもは、テーブルを囲んで座る子もいれば、絵をかいている子、トランプをしている子もいて、わたしは、ドミノをするグループに加わった。スマホをじっと見つめる子もいる。おばあちゃんは、友達に電話して様子を確かめている。ここは、戦地に近すぎるし、砲撃《ほうげき》がもっとひどくなる可能性もあるから、より安全な避難《ひなん》場所で合流できないかどうか、聞いているようだ。

わたしもおばあちゃんも、くじけない。だって、ふたりとも陽気な性格だし、おたがいに支え合っているのだから。

他の国々は今、ウクライナに武器をこれ以上送りこむことをやめ、ロシアに制裁を加えることを検討しているそうだ。ある意味、それが一番いい方法なのかもしれない……。

2022年2月25日

西側諸国が侵攻《しんこう》を非難するも、
ロシアはウクライナへの砲撃《ほうげき》強行
——ニューヨーク・タイムズ

ゼレンスキー大統領、
総動員令を発令
——キーウ・ポスト

ロシア軍の接近とともに
キーウで爆発音《ばくはつおん》
——ワシントン・ポスト

プーチン、
ウクライナへ侵攻《しんこう》
——ガーディアン

黄と青に染まる歴史的な戦い
ウクライナとの結束
——インディペンデント

2日目

昨夜、爆撃《ばくげき》がやんだあとは静かだった。砲撃音《ほうげきおん》も聞こえない。みんな、ねむっているようだ。わたしはというと、昨晩は10時半くらいからねむけにおそわれ、どうにかねむった。今朝、目を覚ましたのは6時だった。おばあちゃんは、さっと家に帰って食べ物を確保し、体を洗ってすぐに地下室にもどるなら、危険はないと思っているみたい。自宅アパートの部屋は5階にあって、安全とはいえないから、長居はできない。

午前7時30分：朝食をとる。バターをぬったパン1枚と、お茶だ。戦車やミサイルがあるか、窓から見てみた。でも、見当たらないな。

午前8時00分：荷物をまとめて外へ。すごく寒い。地下室の天井のあちこちに「避難所《ひなんじょ》」と書かれている。爆撃《ばくげき》はやんだかなって、ひそかに思った。でも、その後も爆発音《ばくはつおん》が聞こえてくる。まだ、終わっていないんだ。あわてて地下室へもどった。

おっと、雪が降ってきたよ。びっくり。これから数日間、雪が続くんだって。

わたしは、何事もなかったかのように歩こうとした。また爆撃《ばくげき》が始まるだろうな、ってびくびくしていたんだけどね。でも、静かだったのでホッとした。地下室に降りながら、夜の間に、学校のチャットに書きこまれた180件のメッセージをスクロールした。

なかには、戦地のすぐそばに住んでいるから、自分も爆破《ばくは》されちゃうんじゃないかと思うとこわいよ、って書きこんでいる友達がいた。スーミ(＊3)で起きていることを、動画でシェアしてくれる子もいる。スーミでは火災が起きているようだ。ふたりのクラスメートが、夜中までメッセージのやりとりをしていた。

午前8時30分：次に外を見たときに、戦車が走っていく音が聞こえてきた。キーウのほうに向かっている。何かがものすごいスピードで空を飛んでいくのを見ちゃったかも。ミサイルかもしれない。命中したかどうかは、だれにもわからない。たぶん、ただの被害妄想《ひがいもうそう》だろう。

午前8時40分：クラスメートのマリナから電話があった。マリナのおばさんいわく、30分以内に砲撃《ほうげき》が再開されるんだって。それをわたしに伝えたかったみたい。でも、その電話の直後、わたしは1時間くらい寝《ね》てしまった。結局、砲撃《ほうげき》はなかったけどね。

その後、ウクライナ軍の戦車やAPC(*4)が、アパートの棟《とう》の間にとまっていることがわかった。わたしたち、人間の盾《たて》にされてしまうんじゃないか……と不安になる。おばあちゃんは、友達のインナさんに電話をかけ、タクシーでインナさんの家へ向かうことに決めた。タクシー会社に電話をかけて配車をたのんだけれど、折り返しの連絡《れんらく》がくるまでの時間は永遠に続くのかと思えるほど長く感じた。ようやくタクシーが来たので、乗りこんで出発。「ここにあるものは、どうしよう？」とおばあちゃんに聞いた。

「置いていくしかない。命のほうが大事なんだから！」

わが家の仲間たちを、置き去りにしちゃった。胸が痛い……。

でも、やるべきことをやって生き残らなきゃ。どんな犠牲《ぎせい》をはらっても、自分のことは、自分で守らなくては。

ハルキウ市内をタクシーで走っていても、不思議なくらい、いつもと変わりないように見えた。薬局やスーパーの外に長い行列ができていることを別にすれば、だけど。今、店のそばには兵士はひとりもいない。

その一方で、路上には故障した軍の車がとまっていた。別の車には、ウクライナ軍の兵士たちが乗っている。「なんで軍の車がこのあたりを走ってるの？」とわたしはたずねた。

いつも使っている道路で兵士たちを見かけるなんて、とてもおかしな感じがする。

「心配しなくていいよ」とおばあちゃんは言った。

30分ほどで、インナさんの家に到着《とうちゃく》した。ハルキウの西の端《はし》っこにあるニューバヴァリアだ。かわいらしい感じの小さな家で、居心地がよさそう。ここのほうが、うちよりもずっとましだ。ここでもまだ砲撃《ほうげき》があるようだけど、そんなに多くはない。でも、少し高い場所に建っているから、爆音《ばくおん》はよりひびく。

キッチンはすごく広々としていて、真ん中には大きなダイニングテーブルがある。寝室《しんしつ》は3つあって、わたしたちは、ふたりがねむれる大きさの折りたたみ式のソファがある部屋を選んだ。ちょっと寒かったから、窓を毛布でおおった。

玄関《げんかん》のドアのそばには小さな薪《まき》ストーブがある。テラスに出ると、地下室に通じる階段があった。

キッチンには、本物の貝がらをはりつけた、美しい海をかいた大きな絵がかざってある。でも、絵はまだ完成していないらしい。インナさんは、わたしが絵をかけることを知っていて、「あなたが完成させてね」って言ってくれた。もちろん、引き受けたよ。だって、遠くから聞こえてくる爆発音《ばくはつおん》は鳴りやまないし、いい気晴らしになると思ったから。アイデアがわいてきて、天使の絵もかきたくなったので、小さなベニヤ板も用意してほしいって

インナさん宅のキッチンで。気持ちを落ち着けるために、海辺の絵をかくわたし。

お願いした。ガプチンスカ(＊5)がかくような天使を、わたしもかいてみたくなったんだ。

1時間前にようやく自宅を出て、どうにかここまでやってきた。だから、今、自宅がどうなっているのかは、考えないようにするのが一番いい。

友達のリタと、リタのお母さんに、ハルキウはちょっと落ち着いているよ、と伝えたら、車でピソチン(＊6)へ避難《ひなん》することにしたみたい。ただ、自分たちの荷物を取りに行こうとしたものの、なかなか進めなかったそうだ。そこへまた砲撃《ほうげき》が始まって、状況《じょうきょう》は悪化。戦闘機《せんとうき》、戦車、爆弾《ばくだん》、爆音《ばくおん》。出発が遅《おく》れて、出られなくなってしまった……みんなパニックになり、一番近くにある地下室へかけこんだ。わたしたちは、ここでそれほど危険な目にはあっていないけれど、自宅にもどった近所の友達は大丈夫《だいじょうぶ》かな？　これから、どうなるんだろう？　みんな、生き残れるかな？　家はどうなる？　だれも、約束なんてできっこない。

ハルキウの路上では、巨大《きょだい》な爆弾《ばくだん》が見つかった。

ちなみに、水と電気を止めるといううわさは、ありがたいことにデマだった。

午後1時30分：ロシアのクルスクから戦闘機《せんとうき》が離陸《りりく》したというニュースが流れたけれど、行き先は不明。首都キーウに向かうのかもしれない。

ハルキウの地下室にスマホの充電器《じゅうでんき》を忘れてきたことに、今、気づいた。バッテリーはあまり残っていない。食べ物もない。ただ、幸運にもインナさんが充電器《じゅうでんき》を貸してくれたので、少なくともバッテリー切れの心配はなくなった。

グループチャットのメッセージは、とぎれることがない。友人のポリーナからは、ハルキウ北東部にあるフヴァルディチフ・シロニンツィフ通りを戦車が走っていると聞いた。おばあちゃんとインナさんにそのことを伝えたけれど、「心配いらないよ。わたしたちにできることはないんだから……つまり、そういうことなの」と言うばかりだ。

わたしは、なんとかうろたえないようにしている。

通っていた学校からほんの200メートルのところで、戦車が砲撃《ほうげき》していると聞いた。同じクラスのマイロンが、地下室を出て新鮮《しんせん》な空気を吸いに行ったときのことだ。突然《とつぜん》、赤い光がさしこみ、ミサイルの音、そして銃声《じゅうせい》がとどろいたという。マイロンは、そのまま地下室へ直行した。ディアナは、ヴェリカ・ダニリフカ地区の自宅にこもっている。わたしたちの家から、道路をはさんで向かいにあるその場所から、事のなりゆきを見守っているそうだ。

近所にあるノースサルティフカ（＊7）の住宅地は、ほぼ消滅《しょうめつ》しかけている。こんなの、ひどいよ！　昔よく遊んだ小さな路地、小さな中庭、お気に入りのピザ屋さん、そして、大好きな学校も、すべてが……。何もかも、とっても美しかったのに！　こんなに残念なことってない……。いったい、どういうつもり？　ナタリイ・ウズビイ通り60番地の高層アパートはミサイルで攻撃《こうげき》された。インナさんのところへ向かう途中《とちゅう》に見たときは大丈夫《だいじょうぶ》だったのに。このアパートが崩壊《ほうかい》したと知って、ふるえがきた。わたしたちが今いるニューバヴァリアはとっても静かなのに、ノースサルティフカは全然ちがうんだ。学校は、2週間休校になったらしい。ええーっ……休暇《きゅうか》って感じにはならないだろうけどな……。

そうだ、ここでちょっと、こぼれ話を。小さな薪《まき》ストーブをたいたので、火の番をするのがわたしの仕事になった。どんなにうまくいかないことがあっても、いいところを探すのが大事って自分にくり返し言い聞かせている。なので、炉《ろ》の中で薪《まき》が燃えているのをながめて楽しむことにした。みんなで薪《まき》ストーブを囲むように座って、おたがいを見守る。みんなで一緒《いっしょ》にいれば、そんなにこわくないな。

これから避難《ひなん》する地下室はどんな感じなんだろうって、興味がわいてきた。ハッチ（地下への昇降口《しょうこうぐち》）を開けて、階段を2段だけ降りてみた。すると、目の前にもうひとつハッチがあったので、それも開けた。その先には、とても深い地下室がある。ここならまちがいなく安全だろう。

午後7時00分：外が暗くなり始めた。砲撃《ほうげき》も何度か起きている。地下室にかくれろ、って合図なのかな……。

午後7時15分：爆音《ばくおん》が大きくなってきた。ロシア軍がグラート(*8)を使い始めたんだろう。精度はあまり高くないらしいんだけどね。

友達のディアナとトーリャが住んでいるヴェリカ・ダニリフカ周辺の爆撃《ばくげき》がすさまじくなってきている。どうか、ふたりが強い気持ちを持ち続けられますように。

インナさんは、爆発音《ばくはつおん》を手がかりに着弾地点《ちゃくだんちてん》を探ろうとしている。「音がしているのはかなり遠くからだよ」って声をかけて、おばあちゃんが不安にならないようにしてくれた。

夕食後は、ぐっとくつろいだ気分になっていった。みんなでおしゃべり。わたしは、マインクラフトのYouTube動画を見ている。一方、ウクライナ政府は、国民が武器を手に、戦いに参加するように呼びかけている。

午後7時50分：外はとても暗い。今までにないほど、まっ暗だ。こわすぎて、外に出られない。インナさんの友達がやってきたので、みんなで一緒《いっしょ》に過ごせた。ニュースは、見てもただこわくなるだけだから見ない。不安で、まだ心臓がドキドキしているけれど、落ち着け、ってなんとか自分に言い聞かせる。小さな薪《まき》ストーブの熱で暖まったので、どんどんねむくなってきた。

午後9時00分：炉《ろ》の火が消えると、インナさんは、ここよりもっと暖かいリビングにさそってくれた。ゆったりくつろげるひじかけいすに腰《こし》を下ろして、もたれかかった。あったかいな。少し気分が落ちこんでいたけれど、少しの間、ここ数日で経験した恐怖《きょうふ》を忘れることができた。

ふたりで一緒《いっしょ》においのりをしたあと、インナさんはねむりについた。

どこもかしこも静かだ。どうか、戦争前のような、静かな夜であってほしい……。

午後10時00分：これ以上、目を開けていられないよ。もうすぐ、寝《ね》ちゃいそうだ……。

（＊3）ロシアとの国境付近にあるウクライナ北東部の都市。「スーミの戦い」は、２０２2年2月24日に始まり、最終的にロシア軍が退くまで路上で戦闘《せんとう》が続いた。

（＊4）装甲《そうこう》兵員輸送車（Armored Personnel Carrier）の略。最大12名程度の兵士を乗せ、戦場を移動するための車両。別名「戦闘《せんとう》タクシー」。

（＊5）エウゲニア・ガプチンスカはウクライナ有数の人気をほこるアーティスト。「幸せ」をテーマにした独特の作風の絵が特徴《とくちょう》。

（＊6）ハルキウ西部の地区。

（＊7）サルティフカはハルキウ北東部にある広大な住宅地。

（＊8）多数のミサイルを同時に発射できるよう設計された多連装ロケットシステム。１９６０年代に旧ソ連軍が導入し、現在もロシア軍で広く使用されている。

2022年2月26日

がけっぷちのキーウ

——ガーディアン

ウクライナのゼレンスキー大統領

「荒《あ》れ果てた戦場の都市に、英雄《えいゆう》誕生」

——ワシントン・ポスト

ハルキウでマンション砲撃《ほうげき》、

市民1名が犠牲《ぎせい》に

——CNN

われわれはおそれてなどいない

——デイリー・ミラー

「ストップ・プーチン、ストップ・ロシア」

ウクライナと連帯する世界的集会開催《かいさい》

——デイリー・テレグラフ

3日目

午前7時40分：壁《かべ》に寄りかかっているのがわかる。ゆれているのがわかる。ぞっとする。
「爆撃《ばくげき》が起きているのはジミフ(＊9)だと思う」ってインナさんは言っている。

午前8時00分：戦争は、始まった当日とその翌日の2日間が一番きついらしい。でも今日は3日目だ。

インナさんは買い物に出かけ、2時間後にもどってきた。食品が値上がりしている、というか、今は何もかもが高い。もう手に入らないものだってある。店には焼きたてのパンが並んでいるけれど、全員が買えるほどではない。みんなウォッカを買っているんだって。

昨日、アパートから避難《ひなん》してきたことは、まちがいじゃなかったと思い始めている。友達のリタや、リタのお母さんのように、逃《に》げようとしていたのに爆撃《ばくげき》が起き、逃《に》げられなくなった人もいるのだから。何枚かの服や、自宅そのものよりも、命のほうが大切だ。荷物を持ってこなくたって、家からはなれてしまったって、まったく問題ない。いつかもどれるだろうから。今の状況《じょうきょう》を理解するのは簡単なことじゃない。ただ、日ごとに、戦争は終わらなくても人生は続くものだということを学んでいる。遅《おそ》かれ早かれ、いつか戦争は終わる。そんな希望にすがっているんだ。

空港が爆撃《ばくげき》を受けた。ここからはかなり遠いけれど、爆音《ばくおん》はとてもはっきりと聞こえた。ここ、ニューバヴァリアにいても聞こえるのなら、もっと近くだったらどんなふうに聞こえるのか、想像できない。もう一度、すべてを元通りに築きあげるのに、いったい何年かかるのだろうかと思わずにはいられない。だれにもわかんないよ。

昨日の夜、軍の車が数台、走っていく音が聞こえたけれど、ここに来て初めてのことだった。

歌手のオレクセイ・ポタペンコ(*10)のインスタのストーリーで、こんな投稿《とうこう》を見かけた。心の底からのさけびだなって思う。

《なぜ、ウクライナの放送局はどこも、ルハンスク州シャスティア地域(*11)の地獄《じごく》を報道しないんだ？　そこではみんなが廃墟《はいきょ》で暮らしているっていうのに。

ウクライナの国民を緊急《きんきゅう》避難《ひなん》させろよ！　なぜ、だれも声をあげない？　なぜ、だれも行動しない？　なぜ、国民にこんな仕打ちができるんだ？　だれもが、何か行動を起こせるように、できるだけ多くの人たちにこのことを知らせるべきなんだ！　避難《ひなん》の手伝いだって、なんだって救いになるんだよ！》

昨日、聞こえてきた爆発音《ばくはつおん》は、ハルキウ環状《かんじょう》道路が砲撃《ほうげき》されたときのものだとわかった。どうやら、ウクライナ軍の戦車が、ピソチンやヴィソキの集落付近にいたロシア軍の戦車を爆破《ばくは》したらしい。ピソチンにはキーウへ、ヴィソキにはドニプロ(＊12)へ通じる道路がある。ロシアの戦車はキーウに向かっていたものの、ウクライナ軍の戦車がロシア軍を足止めしたみたい……。

午後1時00分：大きな爆発音《ばくはつおん》が鳴りひびく。これまでで一番大きな音ってほどではないけれど、それにしたっておそろしい。また夜間外出禁止令の時間帯が変更《へんこう》された。今度は午後6時から午前6時まで外出禁止だ。

ニュースによると、ロシア軍はすでに3000人の死傷者が出ているそうだけど、ロシアではそこにふれていないらしい。

ハルキウはなんて美しい都市なんだろう……いや、都市〝だった〟んだろう、って思う。たくさんの時間とお金をかけて、完璧《かんぺき》な場所を築きあげてきたのに、一瞬《いっしゅん》で全部ふき飛んでしまうなんて！

戦争が始まったときと比べて、今は、市民をねらった砲撃《ほうげき》が増えているらしい。でもヨシップおじいちゃんは、街を歩き回っているそうだ。これにはけっこうびっくり。戦争中なのに、ちょっと散歩でもしようか、って気持ちになるなんて！

ヴェリカ・ダニリフカにもどったトーリャの状況《じょうきょう》は、だんだん悪化しているそうだ。爆《ばく》撃《げき》がさらに激しくなっているって。しかも、マイロンのお父さんの友達が住むアパートの中庭に、ミサイルが落ちたとか。もう、こわいよ。わたしたちのいるニューバヴァリアは、爆発音《ばくはつおん》こそまだ聞こえるものの、ここからは遠くはなれているみたいだし。

リタは、お母さんとベズリュディフカ行きの電車に乗ることにしたんだって。わたしがこれを書いているときには、ふたりはプロスペクト・ハハリナ駅っていう地下鉄の駅に向かっているはず。どうやら、たくさんの人がつめかけているみたい。駅がある地下へ降りていたら、後ろからミサイルの雨が降ってきたって。運良く、だれもケガをせずにすんだらしい。

自宅にもどった近所の人はどうだろう？　友達からの情報によると、建物がゆれているって……。わたしの心は恐怖《きょうふ》でいっぱい。次に何が起こるのか、だれにもわからない。

午後3時10分：今、激しい砲撃《ほうげき》が起きている。しばらく地下室から出られない場合に備えて、室内を片づけた。壁《かべ》はゆがみ、そばにある木箱の中には、いろんなものをぎっしりとつめこんだガラスびんがある。中身は、トマトやキュウリのピクルス、それにラズベリーやアプリコットのジャムだ。おばあちゃんとインナさんが長いすを持ってきてくれたので、そこにコートを何枚かかけておく。部屋はとてもせまいから、ここではさほど寒さを感じずにすむ。片づけがすんだので、地上へもどった。

午後3時55分：突然《とつぜん》、およそ6キロ先で爆発《ばくはつ》が2回起きた。すぐに地下室へかけもどる。今はまた静かになった。地下室で、いのりの言葉をとなえてささげる。恐怖《きょうふ》にうちのめされそうだよ。もう、わたしたちにできることは、希望をもち、いのることしかない。

太陽はしずんでいく。平和がほしい。かつて、いだいていた夢も、大事にしてきたことも、もう思い出せない。以前、口げんかをしたことも、苦しかったことも、思い出せない。過去のなやみなんて、どれもこれも、もうどうでもいい。戦争が始まると、目標はたったひとつしかない。それは生き続けることだ。つらいとか、ダメだとか、過去に思っていたことは、全部たいしたことじゃなくなる。大好きな人が生き延びられるかな、と不安になるけれど、その思いは、毎日「ドッカーン」という爆音《ばくおん》にさえぎられるんだ。心臓をぐいっとつかまれているかのような恐怖《きょうふ》をひたかくしにしつつ、このロケット弾《だん》が、自分の居場所とは全然ちがうところに命中して、「ああ、よかった」って思うようになる。1日中、平和を求めて神様にいのりをささげる。自分の人生の1分、1秒にしがみついている……。

友達みんなに電話をかけて、様子を確認し続けるうちに、ロシア軍がウクライナ全土で砲撃《ほうげき》を行っていることに気づく。ニュースによると、全面戦争が始まっているという。「全面」って言葉にぞっとする。ロシアが、ウクライナ人の魂《たましい》に恐怖《きょうふ》をあびせかける。わたしの魂《たましい》は悲鳴をあげている。ずたずたに傷ついているけれど、進み続けなきゃいけない。安全な場所で過ごし、一刻も早く、戦争が終わって平和を手に入れられるよう、いのらなければならないんだ。

神経を静めるために何か飲みたい。でも、それよりも、今のこの状態は、ひどい悪夢を見て目を覚ましただけ、ってことであってほしい。

午後5時40分：外が暗くなった。おばあちゃんの友達、ネリアさんから電話がかかってきた。ネリアさんいわく、幼稚園《ようちえん》のすぐ近くにウクライナの戦車がとどまって、何かをうち続けているんだって。それと、学校の先生から電話があった。身の縮むような話を聞かされた。

「近くの車庫が燃えたんだ。先生たちがこもっていたのは別の車庫にある地下室だったんだけど、もうここは安全じゃないってわかった。だから、学校の地下室にかけこむことにしたんだよ。走っていたら、そのすぐ上をミサイルが飛んでいってね。命がけで走ったよ。

だれひとり、ケガもなく地下室にたどり着けたのは、運がよかった」

先生の体験談に、背筋がこおった。大好きな先生が、そんな目にあっただなんて。


午後6時57分：インナさんが、夕飯にザペカンカ(＊13)を作ってくれた。ラズベリージャムをそえて、ミントティーと一緒《いっしょ》にいただいた。気持ちは少し落ち着いたけれど、それからさらに爆発《ばくはつ》が続いた。聞くところによると、市内の環状《かんじょう》道路上にある陣地《じんち》から、ロシアに向けて発砲《はっぽう》しているのは、ウクライナ側の人間らしい。どの飛行機もミサイルも、ずっとそうぞうしい音を立てている。昨夜の今ごろは静かだったのに、今夜は耳をつんざくような音だ。

どうやら、妨害《ぼうがい》工作を行う集団がハルキウで逮捕《たいほ》されたらしい。市内の路上に爆発物《ばくはつぶつ》をしかけようとしていたという(＊14)。

今夜は、日記を書いていても、あまり希望をもてない。

砲撃《ほうげき》がひと段落したところで、インナさんに部屋に呼ばれた。その部屋は、窓ひとつのせまい空間だけれど、この家の中で最も安全な場所だ。黄色い光の小さな夜間照明をつけてくれた。飛行機に気づかれないようにするため、他の部屋の電気はすべて消してある。どうか、朝まで静かに過ごせますように。

インナさんの家のベッドで。希望なんて、かけらもない。

ちょうどそのとき、環状《かんじょう》道路への爆撃《ばくげき》が始まり、一帯を飛行機が飛び回りだした。一番大事なのは落ち着くことなのでそう心がけたけれど、結局、軽いパニック発作を起こしてしまった。なんとか呼吸をしようともがき、胸がおしつぶされそうになった。

爆撃《ばくげき》が続いている。わたしたちは座っている。横になったほうが安全かな？　砲撃《ほうげき》が起きているのはここからうんとはなれた場所なのに、おばあちゃんは、窓をサーチライトで照らされているから地下室へ行く、と言って聞かない。それで、わたしはおばあちゃんについていった。

午後7時00分：地下室に降りて、おばあちゃんとふたりでお茶を飲んでいる。インナさんはついてこなかった。今は静かだし、それに、もし爆撃《ばくげき》で家がくずれたら、わたしたちが地下に閉じこめられて、だれにも居場所がわからなくなるのは心配なんだって。

今、起きていることを書き留めたくて、インナさんにたのんで日記帳を取ってきてもらった。爆撃《ばくげき》がやんだので、わたしは少し落ち着きを取りもどしてきた。

そうそう、リタと、リタのお母さんは、うまく電車に乗って、今は無事なんだって。

スマホのわずかな光をたよりに、わたしはこの日記をつづっている。

ノースサルティフカにはロケット弾《だん》がうちこまれているそうだ。

静かになったら、地下室を出てベッドでねむろう。


（＊9）ハルキウの真南に位置する都市。

（＊10）ウクライナのニュース番組『ザ・ボイス・オブ・ウクライナ』のご意見番を務める人気歌手。

（＊11）ウクライナ東部の都市。ロシアの軍事侵攻《しんこう》がはじまった直後から激しい戦闘《せんとう》がくり広げられた。

（＊12）ウクライナ中東部にある国内で4番目に大きな都市。名前の由来はドニプロ川で、かつては「ドニプロペトロウシク」と呼ばれていた。

（＊13）いろいろな具材にチーズをかけてオーブンで焼いた伝統的なロシア料理。

（＊14）ウクライナ全土で、ロシアの工作員がスマホやおもちゃに武器をかくし、生活に必要な設備や輸送機械を破壊《はかい》する活動をしているという報告が広まっていた。

2022年2月27日

プーチンが意図的な決断
世界大戦の可能性を示す
——ディ・ヴェルト

ロシアがウクライナの飛行場、
燃料施設《しせつ》を次々に攻撃《こうげき》
——アイリッシュ・タイムズ

恐怖《きょうふ》が街を闊歩《かっぽ》する
——サンデー・タイムズ

「胃が痛い」ウクライナ戦争に
巻きこまれた子どもたち
——ガーディアン

難民を歓迎《かんげい》する
——インディペンデント

4日目

朝8時に目が覚めた。わたしにしたら、寝坊《ねぼう》だな。寝返《ねがえ》りをうつと明るい日差しが顔に降りそそいで、それが何かの合図に思えて、外に出て太陽の光を楽しみたいと思ったけれど、すぐに思い出した。

昨日の夜、ひどい爆撃《ばくげき》があったんだった。ここからはかなりはなれた場所だったけど。ぐっすりねむっていたときのこと。爆発音《ばくはつおん》にはもううんざり、ただ頭を休めなきゃ、って思ったんだった。ヴェリカ・ダニリフカは火の海だった。ノースサルティフカはグラートによる砲撃《ほうげき》を受けた。深夜に砲撃《ほうげき》があったのは、この3日間で初めてのことだ。

友達のオリハと連絡《れんらく》をとった。オリハは、自分の身に起きていることを話してくれた。近所の幼稚園《ようちえん》の屋根はふき飛ばされた。近くにある建物の入口は、爆風《ばくふう》にあおられてこわれ、男女ひとりずつがその破片で背中にケガを負ったそうだ。救急車が来るまでに1時間もかかり、搬送《はんそう》を断られ続けたものの、最終的には搬送先《はんそうさき》が決まったという。

オリハは、家族と一緒《いっしょ》に買い物をしようと、ずいぶん長いことイクエーター・モール(*15)の外で行列に並んでいたけれど、支払《しはら》いのためにレジに近づいたとき、停電したんだって。

結局、その日は買い物ができず、今日は再チャレンジするつもり、って言っていた。

午前10時00分：水が足りなくなったので、井戸へ水くみに行くことにした。通りはがらんとしていたけれど、何人かに会った。爆発《ばくはつ》は起きているものの、はるか遠い場所の話だ。水をくんで帰宅。インナさんが庭の周辺を見せてくれた。ラズベリーやカシスの木、それにイチゴなど、果物の木を育てているんだって。花を植える予定の場所も見せてくれた。と、そのとき……ドドド……ドッカーン！　すぐそばで、爆発音《ばくはつおん》が2つ鳴った！　インナさんは地上にある自宅に残ったけれど、わたしとおばあちゃんは地下室へかけおりた。

その後、ヨシップおじいちゃんからおそろしい写真が送られてきた。店の前の道路に2メートルくらいの爆弾《ばくだん》が転がっている。これは作動しない爆弾《ばくだん》、つまり照明弾《しょうめいだん》(＊16)だった。

ハルキウの中心地には、ロシア軍の戦車がとまっている。

地下室から上がってきたものの、15分後、さらに大きな爆音《ばくおん》がとどろいたので、またすぐに引き返した。

ここでは、わたしたちはご近所さんにとても恵《めぐ》まれている。持ちつ持たれつの関係を築けていて、食べ物をわけてくれるんだ。

トーリャ
おーい、みんな。こっちは今のところ大丈夫《だいじょうぶ》だよ。道路は半分やられちゃったけど、ぼくらには指一本ふれなかったさ
10:08

トーリャ
今はスマホの電源を切ってるけど、後でここにもどってくるかも
10:08

トーリャ
明かりが消えた……
10:08

トーリャ
じゃ、またあとで!
10:08

ディアナ
ああ、もう。なんなの
10:39

ポリーナ
ここで銃撃戦《じゅうげきせん》が起きてる
11:08

ダヴィッド
おい!
11:24

マイロン
やあ
11:25

マイロン
そっちは静かになった?
11:25

ティーホン
アレクセーフカで戦いが起きてる
11:36

ティーホン
だからまあ、静かじゃないよな
11:36

ポリーナ
ねえ
11:37

ポリーナ
わたしたち、爆撃《ばくげき》を受けてるんだよね
11:46

フィリモン
今、どこ?
12:00

ポリーナ
家だよ
12:05

トーリャ
みんな。また始まっちゃったよ
13:07

ポリーナ
ここはもう落ち着いてなんかないよ
13:13

トーリャ
地面から煙《けむり》が立ってる
13:22

イエバ
あきらめちゃダメ。待って
13:26

マイロン
パソコンがこわれるのはやだな。どこに置けばいい?
13:28

イエバ
タンスの中にかくして。絶対に生き残ろうね
13:28

わたしたちは、1日のうちに何度も地下室へ降りていく。午後6時には、外はすっかり暗くなる。日を追うごとに、どんどん夜がきらいになってきている。太陽が地平線から消えてしまうのはいやだけど、残念ながらそれはわたしの力ではどうにもならない。夜はわからないことばかりで、恐怖《きょうふ》にまるっと飲みこまれた気分になる。

午後9時30分：わたしたちの居場所は、本当に静かで落ち着ける。あと、同じクラスのキリロに「ありがとう」って言いたいな！　だって、キリロってば、学校のチャットにくだらない動画を投稿《とうこう》し続けているんだよ。スマホのへんてこなカメラフィルターを使って、変顔を自撮《じど》りしてるの。爆笑《ばくしょう》して、今、あやうくベッドから落っこちそうになったし、笑いすぎておなかが痛いよ。

（＊15）ハルキウのショッピングモール。
（＊16）空爆の目標位置を確認するためのマーカー（目印）として投下される。

2022年2月28日

プーチン、核《かく》の脅威《きょうい》を示す

――――デイリー・テレグラフ

一般《いっぱん》市民の犠牲者《ぎせいしゃ》、350人をこえる

――――ニューヨーク・タイムズ

国境へ急げ

――――サンデー・タイムズ

「もう自分たちがやるしかない」
ウクライナ市民、武装化

――――アイリッシュ・タイムズ

軍事・人道支援《しえん》でウクライナへ入国

――――キーウ・ポスト

5日目

午前3時に目が覚め、うとうとしていると、戦闘機《せんとうき》が爆弾《ばくだん》を投下し始めた。心の中は、不安であふれている。爆発《ばくはつ》が起こるたび、背筋がこおる。インナさんから、地下室へ行こうと呼びかけられた。今回は、インナさんも一緒《いっしょ》に。地下室では、そのままじっとしていた。インナさんが一緒《いっしょ》に降りるってことは、外はかなり危険なことになっているにちがいないけれど、もう見当もつかない。地下室で、わたしはいつの間にか寝入《ねい》っていた。夜間外出禁止令の時間がだんだん延びて、午後3時から午前6時までになった。

午前8時00分：砲撃《ほうげき》がひどくなるが、ずっと遠くで起きているようだ。

おばあちゃんの友達から電話があり、ヴィソキにある家が1軒《けん》、崩壊《ほうかい》して、犬が1匹犠牲《ぴきぎせい》になったものの、それ以外はみんな無事だったそう。さっき聞こえてきたのは、まさにこの砲撃音《ほうげきおん》だったんだ。

その後、おばあちゃんとインナさんは、お店に行って食料を調達しようとしたけれど、うまくいかなかった。おばあちゃんは「食料を求めて行列に並んだけど、こわくてたまらなかったよ。周りでは、昨日、水くみに行ったときよりもっとひどい爆撃《ばくげき》が起きていたからね。どんな爆撃《ばくげき》にも慣れちゃった人たちは、まだ行列に並んでいるよ。食べ物が一口でも手に入れられる、っていうだけで、みんないそいそと並ぶんだね」って言っていた。

ズィナおばあちゃんも言っていた。昨日は夜間外出禁止令を破って、薬局に行きたかったなあって。ヨシップおじいちゃんに「ついてきて」ってたのんだら、「一番近い薬局は閉まっているぞ」って言われたらしい。おばあちゃんは「ヘロイブ・プラッチェ駅にある別の薬局へ行こうよ」って提案した。わたしが思うに、たとえ家が爆撃《ばくげき》されても、おばあちゃんはボアのように平然と(＊17)していているような気がする。でも、夜間外出禁止令はかなり厳しいし、外出するのは安全だとは思えず、ヨシップおじいちゃんは断ったそうだ。なぜ、ロシアは自分の薬を買おうとしているだけの人たちを砲撃《ほうげき》するんだろう?

今日は、ロシアとウクライナの代表団が交渉《こうしょう》を行っている。午後にはアパートが1棟《とう》、破壊《はかい》された。死傷者あり。最悪だ。遺体は置きざりのまま。一般《いっぱん》市民は、あちこちから砲《ほう》撃《げき》を受けている。

うちのアパートのとなりに駐車場《ちゅうしゃじょう》があるんだけど、その裏手にあるアパートも今日、砲《ほう》撃《げき》を受けた。

ポリーナ
うちはベッドを廊下《ろうか》に出したよ。そのほうが安全 13:43

ナディア
猛烈《もうれつ》に攻撃《こうげき》されてる 13:43

ポリーナ
もう爆音《ばくおん》しか聞こえない 13:44

ナディア
耳が聞こえなくなっちゃうよね 13:44

イエバ
13:45 おばあちゃんちの駐車場のすぐ裏で砲撃《ほうげき》があった

イエバ
13:45 今日ね

ポリーナ
こっちは今ちょうど爆撃《ばくげき》が起きてる 15:12

ポリーナ
こわいよ 15:17

ナディア
こわがってちゃダメ 15:17

ナディア
できることをしよう 15:17

ナディア
わたしは音楽を聞くよ 15:17

午後6時00分：もうまっ暗だ。夜がだんだんきらいになってきているし、日を追うごとに、憎《にく》しみがつのっていくよ。

（＊17）「ボアのように」はロシア語で使われる慣用句。せっぱつまった状況《じょうきょう》でも落ち着いている様子を意味する。

2022年3月1日

ロシアのロケット弾《だん》がハルキウを直撃《ちょくげき》

——フィナンシャル・タイムズ

会談終了と同時に攻撃《こうげき》激化

——ウォール・ストリート・ジャーナル

プーチン大統領、戦争犯罪で告訴《こくそ》

——ロンドン・イブニング・スタンダード

「ウクライナを破滅《はめつ》させられる者はいない」
ゼレンスキー大統領、EU議会で演説

——アイリッシュ・タイムズ

北アイルランド各地のウクライナ救援《きゅうえん》活動
寄付が殺到《さっとう》

——インディペンデント

6日目

すてきな夢を見た。学校の夢。何よりよかったのは、空がおだやかだったこと。友達と一緒《いっしょ》に、自由に走り回っていた。ただ、これはなつかしい過去の思い出話って感じ……。爆発音《ばくはつおん》にはうんざり。鳥のさえずりや、雨音みたいな落ち着ける音をまた聞きたい。戦争の前は本当によかったなあ……。以前のような日常にもどりたいよ。

今朝6時の砲撃《ほうげき》は本気でこわかったけれど、今は静か。それでも、インナさんとおばあちゃんは窓ガラスをテープで補強している。空には飛行機が飛び回っている。自由広場は、たった一度のミサイル攻撃《こうげき》で崩壊《ほうかい》した。爆撃《ばくげき》中に撮影《さつえい》された動画には車が2台映っていて、1台はハンドルを横に切っている。車から飛び出す人もいた。さらにふたりが、現場から逃《に》げだした。動物園、デルジプロム、ゴーリキー公園、大学、オペラハウス、それにコンサートホールもやられた、って口走りながら。何もかも、あっという間の出来事だ。

午前10時00分：クラスター弾《だん》が〝ひょう〟みたいに降り注ぐなか、インナさんは食品をいくつか買いに行った。今回は、無事に買い物ができたみたい。

イエバ
グッド・モーニング。みんなが「グッド」な朝をむかえてたらの話だけど
10:02

イエバ
ハルキウの歴史的建造物がやられちゃった
10:03

イエバ
しかも、自由広場も
10:04

イエバ
アフトゥイルカ(*18)は、燃料気化爆弾《ばくだん》(*19)を 投下された
10:04

レイラ
あぁ、めちゃくちゃにこわされたんだね
10:21

キリロ
燃料気化爆弾《ばくだん》? きみ、これまでに聞いたことないのかい?
10:31

ティーホン
覚えたばっかりなんだろ
10:21

イエバ
冗談《じょうだん》を言ってる場合? 周りで起きてることをよく見て
10:39

レイラ
イエバ、気にしないで。ふざけてるだけだから
10:40

イエバ
ありがとう、レイラ
10:41

イエバ
そうそう、自由広場がどうなってるか、見た?
10:42

ティーホン
めちゃくちゃ
10:42

レイラ
ああ
10:43

ポリーナ
今、爆弾《ばくだん》が落ちてきてる
11:28

ポリーナ
こわいよ
11:32

エウヘン
となりにあったキオスクがやられた
11:51

イエバ
エウヘン、しっかりして。わたしたちがついてる
11:58

レイラ
全部、大丈夫《だいじょうぶ》だから
12:00

エウヘン
今、ポルタヴァ(*20)に向かっているんだ
12:36

イエバ
うちの部屋も爆撃を受けたんだ。アパートのバルコニーも、もうない
13:47

午後0時00分：衝撃的《しょうげきてき》な知らせが届いた。近所の人から電話があって、ハルキウのわが家のキッチンにミサイルがうちこまれたって。アパートの棟《とう》を出たところに、消防隊がいるそうだ。

　隊員の話によると、今回、キッチンを破壊《はかい》したミサイルは、ジュネーブ諸条約（＊21）で使用が禁止されているクラスター弾《だん》（＊22）に搭載《とうさい》された子爆弾《こばくだん》だったらしい。建物全体を破壊《はかい》しうる不発弾《ふはつだん》がないか確認するため、早急に建物内へ入らなければならないという。おばあちゃんは今いるニューバヴァリアから自宅のカギを持っていってくれる人を電話で探したものの、だれも見つからなかったので、隊員は突入《とつにゅう》するしかなかった。不発弾《ふはつだん》はなかったけれど、キッチンはふき飛ばされて粉々になり、廊下《ろうか》はがれきまみれになっていた。

　こんなの、本気で胸が痛む。わたしが、小さなころから過ごしてきた家だ。家をずたずたに傷つけられるのは、わたしの一部を傷つけられるのと同じ。心がおしつぶされる思いだ。思い出いっぱいの場所なのに！　イタリア製の家具、凝《こ》った柄《がら》の食器一式、ガラスのテーブル。思い出が、まるごとふき飛んでしまった。涙《なみだ》が顔をつたって落ちていくけれど、それはわたしの悲しみのかけらにすぎない。モノそのものがこわれたことはそれほど気にならない。でも、モノにこめられた思い出は大事にしたい。幼少期を過ごした場所が、あっという間にこわされちゃったんだよ！

自宅アパートが、ミサイル攻撃《こうげき》で崩壊《ほうかい》。胸がつぶれそう。

アパートに残っているものはほとんどない。なぜ、だれも気にしないの？　なんで？　戦地じゃなくて、人が暮らしている街中で戦って、何もかもこわして楽しい？　ハルキウは、ちょっとずつダメにされていっているんだよ。

うちのアパートで何が起きたのか、もっと知りたいなら、続きを読んでね。くわしく伝えるから……。バルコニー、キッチン、そして、そこへ続く廊下《ろうか》の一部が、完全にこわされてしまった。廊下《ろうか》には、しっくいのかけら、がれき、割れたガラスがびっしり。寝室《しんしつ》自体は無事だったけれど、窓はふき飛ばされちゃった。リビングは、窓もふくめて無傷。玄《げん》関《かん》のドアはボコボコで、おばあちゃんがカギを持っていったとしても、なんの役にも立たなかったはずだ。隊員はなんとかドアを閉めると、テープで固定した。ドアは、溶接《ようせつ》をして閉じよう。戦争が終わったら、うちのアパートには、何が残るんだろう？

午後7時00分：今日は1日、空中での動きがずっと続いている感じの日だった。いつものように、外が暗くなると、インナさんの友達は自宅にもどっていった。おばあちゃんがキッチンでお茶をいれていると、突然《とつぜん》、巨大《きょだい》なドローンが現れた。ドローンは、すべてのライトをつけていて、家の上空をかなり低空飛行していたので、おばあちゃんは床《ゆか》に身をふせた。わたしがドローンの音を聞いたのは、インナさんの小さな部屋で一緒《いっしょ》に過ごしているときだった。妙《みょう》な音だったから、最初は飛行機じゃないと思った。ふたりで床《ゆか》にふせる。今回は、あわてて地下室へ降りることはしなかった。だって、もし家が爆破《ばくは》されたら、地下室にいるだなんてだれにも気づいてもらえない。生き埋《う》めになってしまうだけだ。ドローンは、あたりを旋回《せんかい》しながら爆弾《ばくだん》を投下した。涙《なみだ》で川ができそうなほど、泣いた。わたしは、ベッドに横たわり、生まれて初めて、本当はどう生きていきたいかを考えてみた。爆弾《ばくだん》が投下されるたびに、わたしの心臓は止まりそうになる。1分、1秒、時間にしがみついていた。これまでに、こんなに死を身近に感じたことはない。ドローンが飛び去りますように。この家が爆撃《ばくげき》されませんように。そういのる。神様、わたしを助けてください、といのることしかできない。息もできないほどだった。

しばらくすると、何もかもが静まった。そうして、わたしはなんとか落ち着くことができた。

スマホをチェックすると、エウヘンはまだポルタヴァへ向かっている途中《とちゅう》だった。飛んでいるミサイルの写真を撮影《さつえい》して送ってきている。ディアナはヴェリカ・ダニリフカをはなれるとき、自宅の裏手にある家が燃えてる、って言っていた。

結局、わたしたちは地下室に降りた。そこで少し休もうと思ったのだけれど、なんだかねむれなくて、結局、階段を上がって部屋にもどった。

（＊18）ウクライナ北東部スーミ州の都市。２０２２年３月、ロシア侵攻《しんこう》を受けた際にすぐれた力を発揮して敵に立ち向かい、国への貢献《こうけん》から「英雄《えいゆう》都市」の称号《しょうごう》が授与《じゅよ》された。

（＊19）破壊力《はかいりょく》の高い爆発《ばくはつ》を２回起こすのが特徴《とくちょう》。別名「サーモバリック爆弾《ばくだん》」。

（＊20）ウクライナ中部にある、ヴォルスクラ川が流れる小さな都市。

（＊21）「ジュネーブ諸条約」には戦争時の人間の行いに関する国際的な法の基準が定められており、４つの条約と３つの追加議定書からなる。

（＊22）クラスター弾《だん》にはコンテナーと呼ばれる容器があり、中に複数の爆薬《ばくやく》が入っている。投下または発射されると、空中でコンテナーが開いて大量の子爆弾《こばくだん》が飛び出す仕組みで、サッカー場数個分もの広範囲《こうはんい》を攻撃《こうげき》できるため、非常に殺傷能力が高い。

2022年3月2日

キーウ発の最終列車に
必死のかけこみ
——ガーディアン

ゼレンスキー大統領、
大量虐殺《ぎゃくさつ》回避《かいひ》を欧米《おうべい》に懇願《こんがん》
——デイリー・テレグラフ

キーウとハルキウ、
ロシア侵攻《しんこう》で包囲
——アイリッシュ・タイムズ

ロシア軍による攻撃《こうげき》、
標的は民間人か
——ウォール・ストリート・ジャーナル

ロシア、ウクライナの
反撃による大損害を主張
——キーウ・ポスト

7日目

夢を見た。わたしたちは、トヨタの自家用車で、爆撃《ばくげき》されたアパートまで出かけた。中に入ると、廊下《ろうか》はゴミだらけ。キッチンへ行くと、食器棚《しょっきだな》は無事。テーブルはダメだった。わたしは、動画をとり始めた。すると突然《とつぜん》、となりの棟《とう》をめがけてミサイルが飛んできた。言葉が出ない。そこで夢から覚めた。

今朝、砲撃《ほうげき》があった。

朝6時には、インターネット回線が遮断《しゃだん》された。

空襲《くうしゅう》で人々は衝動《しょうどう》買いに走り、お店の食料品の棚《たな》は空っぽだ。

午前10時00分：おばあちゃんとわたしは、ハルキウを出てウクライナの西部へ向かいたいと思っている。だから今、ロシアの国境からぐんとはなれた場所に来ている。西へ向かうには何をすべきか探ろうと、知り合い全員に電話をかける。けど、「今はじっとしてなさい」ってみんなが口をそろえて言う。わたしの同級生は、まずドニプロかポルタヴァへ行って、そこからウクライナ西部に向かう子が多い。

インナさんは、市内をはなれる車をたくさん見てきた。「子どもが乗っています」と書かれた車があちこちにある。

避難民《ひなんみん》を乗せる電車の座席は取りはらわれているそうだ。30～40時間、立ちっぱなしらしい。おばあちゃんとふたりで、今はニューバヴァリアにとどまろう、ってことになった。

午後1時00分：でも、よくよく考えて、リヴィウ(*23)へ行くべきだと話がまとまった。ウクライナの全市民にさっさと負けをみとめさせるために、数日中にハルキウを消滅《しょうめつ》させようとしている、というおそろしいうわさがある。半日かけて、ようやくタクシー会社と電話がつながったけれど、つながるたびに切られた。ママは、ハルキウのタクシー運転手にわたしたちの電話番号を何度も送信し続けたが、だれも応答しなかった。駅まで送ってくれそうな人に電話しても、ここ何日かのうちに、という条件でなければ無理だという。別の番号でかけると電話はつながったけれど、また切られた。ママとパパに助けを求めてメッセージを送ったけれど、話はつかなかった。

午後3時00分：憂《ゆう》うつになってきた。絶望のループにハマっちゃった、って感じ。しゃべるのをやめた。もう、笑うことなんて、二度とないんじゃないかな。ガプチンスカの天使の絵をかこうと考えると、気持ちが楽になる。希望は失わないようにするつもり。リヴィウまで行けるように、あるいは国外に出られるように、いのり続けよう。今は外出禁止令が出ているから、今すぐ、駅がある南に行って鉄道に乗り、ハルキウを脱出《だっしゅつ》する、っていうのは無理だけど、できることはなんでもやり続けるつもりだ。

午後8時00分：ハルキウをはなれる方法を見つけられるように、希望を失わず、いのり続けた。すると、午後4時ごろ、わたしたちに幸運がまいこんだ。インナさんの娘《むすめ》のルキアさんが、赤十字ボランティア(*24)ふたりの電話番号を教えてくれた。そのうちのひとりにつながって、15分以内にむかえに来てドニプロへ連れていってくれるという。ああ、ツイてる！　わたしたちは荷物をまとめ、道路に立ってむかえの車を待った。天使の絵は、置いていかなきゃならなかった。残念だな。天使がまとうドレスがまだ完成していなかった。インナさんは、わたしたちを見送りに来てくれたけど、自分も一緒《いっしょ》に行く、とは言わなかった。すると、そこでいきなりインナさんはかけだした。「ボランティアがむかえに来たら、わたしがもどるのを待たずに出発してね」と言い残して。爆撃音《ばくげきおん》が聞こえてくる。車がむかえに来てくれても、わたしたちの居場所までたどり着けるかはわからない。すごく緊張《きんちょう》して、ずっと神様に救いを求めていた。そこへ、電話がかかってきた。ボランティ

わたしたちを助けてくれた親切な赤十字のボランティアの方々。

アのトドールさんとオレフさんからだ。ふたりにどう指示を出したらいいのかわからなかったけれど、そのとき、赤十字のマークがついたフォルクスワーゲンが目に入り、彼《かれ》らが来たことがわかった。午後4時50分、車に乗りこむ。おばあちゃんは、インナさんにお別れを言いたいから、その角を曲がってほしいと伝えた。すると、ちょうどそのとき、インナさんがわたしたちのほうへ走ってきた。やっぱり、わたしたちと一緒《いっしょ》にドニプロへ行くことにしたって！　ドニプロにはインナさんの親せきの家があるから、わたしたちはそこで車を降りることにした。インナさんは、パスポート以外は何も持たずに家を飛び出し、走ってもどってきたのだ。

さあ、出発。目的地までには、12のチェックポイント(＊25)を通過する。ドニプロに近づくにつれて、市内に入ろうとする車が、数キロもの長い列をなしていた。そこを車で進んでいく。暗くなるや、雨が降り始めた。ドニプロ市内へ到着《とうちゃく》。静かだなぁ。わたしの耳が「ここは天国だ」って言っている。建物はこわれていないし、ひびも入っていない。平和な空が広がっている——それ以上、何を求めようか。

こんなに安全な場所まで送ってくれてありがとう。トドールさんとオレフさんにそうお礼を伝えた。料金はいらない、って言われたので、わたしたちはそこでお別れをした。

わたしたちは、インナさんの親せきと顔を合わせた。幸せだなぁ。すぐそこの道路の先には美しい公園がある。家の中に入り、これまでに経験したことをみんなに話した。しばらくしたらリラックスしてきた。まだ、ウクライナ西部に行きたい気持ちはあるけれど、それは明日、考えよう。今はただ、インナさんの親せき一家と、ここでおだやかな夜を楽しみたい。

（＊23）ポーランドとの国境付近にあるウクライナ西部最大の都市。美術館やギャラリーも多いウクライナ文化の中心地。

（＊24）医薬品や医療《いりょう》機器の供給、国外脱出《だっしゅつ》を希望する人々の支援《しえん》など、さまざまな形でサポートを行う。

（＊25）ロシアの侵攻《しんこう》後、ウクライナ全土の道路にチェックポイントが設置された。常に軍隊が駐留《ちゅうりゅう》する場所もあるが、多くは地元住民によるボランティアで運営されている。

ティーホン
ぼくらもポーランドに向かってるんだ。それから、ドイツかデンマークかカナダに行くつもり
12:32

ナディア
そこに親せきがいるの？
12:54

ティーホン
うん……ポーランドにきょうだいといとこがいる
14:06

ナディア
あの猫《ねこ》、連れてったの？
19:46

ティーホン
いや
20:01

イエバ
みんな、こんにちは。わたし、今、ドニプロにいるの
20:35

ディアナ
こんにちは。わたしは、両親と犬とヴェリカ・ダニリフカを出ようと思ってるんだ。おととい、ここで爆撃があったから
21:43

ディアナ
イエバ……ずっとそこにいるの？　それとも、戦争の間だけ？
21:43

ディアナ
エラは、今、ハルキウ？
21:43

エラ
ハルキウじゃないよ
21:43

ディアナ
じゃあ、どこ？
21:43

エラ
リヴィウ
21:45

ディアナ
そっか。リヴィウって銃撃戦がないけど、サイレンが鳴りっぱなし、って聞いたよ。それとも、やっぱり銃撃戦が起きてる？
21:45

エラ
ううん、静か。サイレンが鳴るのは、1日５回だけ
21:46

イエバ
ディアナ、ドニプロにいるのはとりあえず、今のうちだけ
21:48

ダヴィッド
みんな、どこにいる？
22:38

キリロ
ぼくは、ポーランドに行くよ
22:43

キリロ
そんでもって、ポーランド人になる
22:43

イエバ
ポーランドなんだ、うれしい
22.59

イエバ
ひょっとしたら、ポーランドで会えるかもね
22:59

2022年3月3日

ウクライナの都市、
ロシア侵攻《しんこう》により初の陥落《かんらく》
——デイリー・テレグラフ

地獄《じごく》への扉《とびら》
——i

プーチン大統領
「戦いに妥協《だきょう》なし」と宣言。
ウクライナ開戦から2週目に突入《とつにゅう》
——キーウ・ポスト

ウクライナからの避難民《ひなんみん》が100万人超《ご》え
今世紀最速の脱出劇《だっしゅつげき》
——デイリー・テレグラフ

EU、ウクライナの全国民に
聖域を提供する動き
アイルランドが支持
——アイリッシュ・タイムズ

8日目

目が覚めた。夜は何事もなかったと思っていたら、ここから遠くはなれた場所で砲撃《ほうげき》が何度かあったようだ。

おばあちゃんは、友達のひとりから「夫が亡くなった」というメールを受け取った。ご主人は、井戸へ水くみに出かけ、そこで「ドッカーン！」――クラスター弾《だん》にやられたらしい。子爆弾《こばくだん》が全身を切りさく。脚《あし》がふっとぶ。47歳《さい》だった。すてきな、世話好きなお父さんだったよね。ほんの数日前に話したのに、今日はもうこの世にいない。本当におそろしい。悲しくてたまらない。

午前11時00分：いくらか現金を引き出して、食べ物を買いに行かなきゃ。わたしが行く、って手を上げた。家に帰ると、おばあちゃんは、これから駅に行って、ウクライナ西部へ向かう電車に乗ろうと心を決めていた。

インナさんの親せきのご主人がタクシーを呼んでくれて、ほどなくしてタクシーが来た。お別れのあいさつをする。インナさんは、ここに残ることにしたからね。「何もかも、きっとうまくいくから」ってはげましてくれた。また会えたらいいのになあ。「あなたがかいている天使の絵、もどってきてぜひ完成させてね」とも言われた。戦争が終われば、いつかそうしたい。おたがいの幸運をいのってさよならをした。タクシーに乗りこむと、運転手さんが話をしてくれた。運転手さんは、ウクライナの工業都市、ドネツク出身(*26)だそうだ。料金のことをたずねると「いらない」って。ドニプロの人たちって、本当に親切だなあ。

駅に到着《とうちゃく》した。構内に入って、次に何をすべきか確認しようとしたものの、だれも知らないみたい。

突然《とつぜん》、アナウンスがあった。「警報発令！　空襲《くうしゅう》です。避難《ひなん》してください」。わたしたちは、ホームとホームの間にある地下通路へとかけこんだ。そこにいる間に、おばあちゃんは、若い女の人にどうすればいいのか聞いていた。その女性はボランティアで、名前はラダさんという。「あなたたちのこと、助けるから」って言ってくれた。

リヴィウの近くのトルスカベツ行きの電車が午後2時に出発予定なので、その電車に乗ってみよう、ってことになった。

やがて、空襲《くうしゅう》警報のサイレンがやみ、ラダさんは待合室へ連れていってくれた。そこにいた何人かに、これまでに経験したことを話そうとしたけれど、地元の人たちばかりだったので、ウクライナ第二の都市であるハルキウの悲惨《ひさん》さはピンとこないようだった。

お茶を飲み、ビスケットをつまんだ。午後1時、まもなく電車が来るからそろそろ準備をしたほうがいいかもしれない。

ついに、予定の電車が到着《とうちゃく》したとアナウンスがあった。わたしたちは、走り出した。大勢の人たちとともに、ホームへまっしぐら。ホームから客車へ、どうにか乗りこもうとする。簡単じゃなかったけど、やりとげたよ。やったね！

窓枠《まどわく》の下に座って、電車が動き出し、人だかりが小さくなっていくのを待った。動き出すと電車はゆれた。ホームに取り残された人たちは、みんな別の場所に向かって走り出した。乗れなかったんだね……だけど、わたしたちはこの電車で出発するよ！

車掌《しゃしょう》さんが来て、寝台《しんだい》の上段に上がるように言われたので、うきうきしながら上る。長時間の旅になったけれど、楽しかった。レラっていう女の子と友達になり、半日の間、わたしたちは笑って過ごした。レラは、ハルキウ出身で同い年だから、おたがいに心の底から理解できる。

午後6時00分：日がしずんでいく……これから向かう場所がどんな感じか、想像しようにも、できない。

ディアナ
パパとママと今朝６時に出発したんだ。リヴィウに近づいてきたよ 8:11

イエバ
無事に着くといいね 9:06

キリロ
こっちは、明日の朝にリヴィウへ着くよ 11:52

キリロ
夕方までにはポーランドに着きそう 11:53

エラ
そっかあ 13:12

エラ
幸運をいのってるよ 13:13

ナディア
わたしは今、ハルキウにいるよ 19:30

ポリーナ
うちは、バルコニーの窓が割れちゃったよ 19:34

マイロン
ぼくは、ここを出るよ 19:37

ナディア
うちは爆撃《ばくげき》でめちゃくちゃ 19:47

ナディア
相当、きついよね 19:47

ナディア
ぞっとする 19:47

ナディア
過去イチの爆音《ばくおん》だった 19:47

イエバ
ねえ、ナディア、がんばって持ちこたえて。床《ゆか》に身をふせれば、何もかもうまくいくから。それか、地下室に行ったほうがいいかも 19:50

ナディア
もう、脚《あし》が動かないよ 19:53

ポリーナ
じゃあ、廊下《ろうか》に座ってたほうがいいかも 20:00

アンドリー
学校はどうなってるんだろう 20:31

アンドリー
? 20:31

ポリーナ
被害《ひがい》が出てるみたい 20:32

アンドリー
燃えてるかもしれないけど、はっきりしたことはわからない 20:32

ポリーナ
今、リヴィウでサイレンが鳴ってるよ 23:33

外はまっ暗だ。レラが窓から外を見て「すっごくきれいな雑草が生えてるよ」って言ってウケちゃった。どこに行くのか、次に何をするのか頭をなやませなきゃならない人もいれば、心から雑草がきれいだなって思える人もいるんだから。ふう!

旅の途中《とちゅう》に、ヒヤッとすることが何度かあった。電車は速度を落としたまま走り続け、たまに、完全に停車することもあったからね。車内の電気は消えたままで、復旧するたびに、だれもがほっとため息をついた。こわすぎて、言葉が出ないときもあった。あとになって、おばあちゃんは、遠くで爆発《ばくはつ》が起きているのを見たと教えてくれた。わたしをこれ以上こわがらせたくなくて、そのときは言わなかったらしい。電車がとまったのは、爆《ばく》発《はつ》が理由だったんだね。安全走行の合図が出るのを待っていたみたい。

キーウのそばを通過した。またもやヒヤッとしたよ。

(*26) ウクライナ東部の工業都市。かねてからロシアとの武力衝突《しょうとつ》が起きていたドンバス地方のカルミウス川沿いにある。

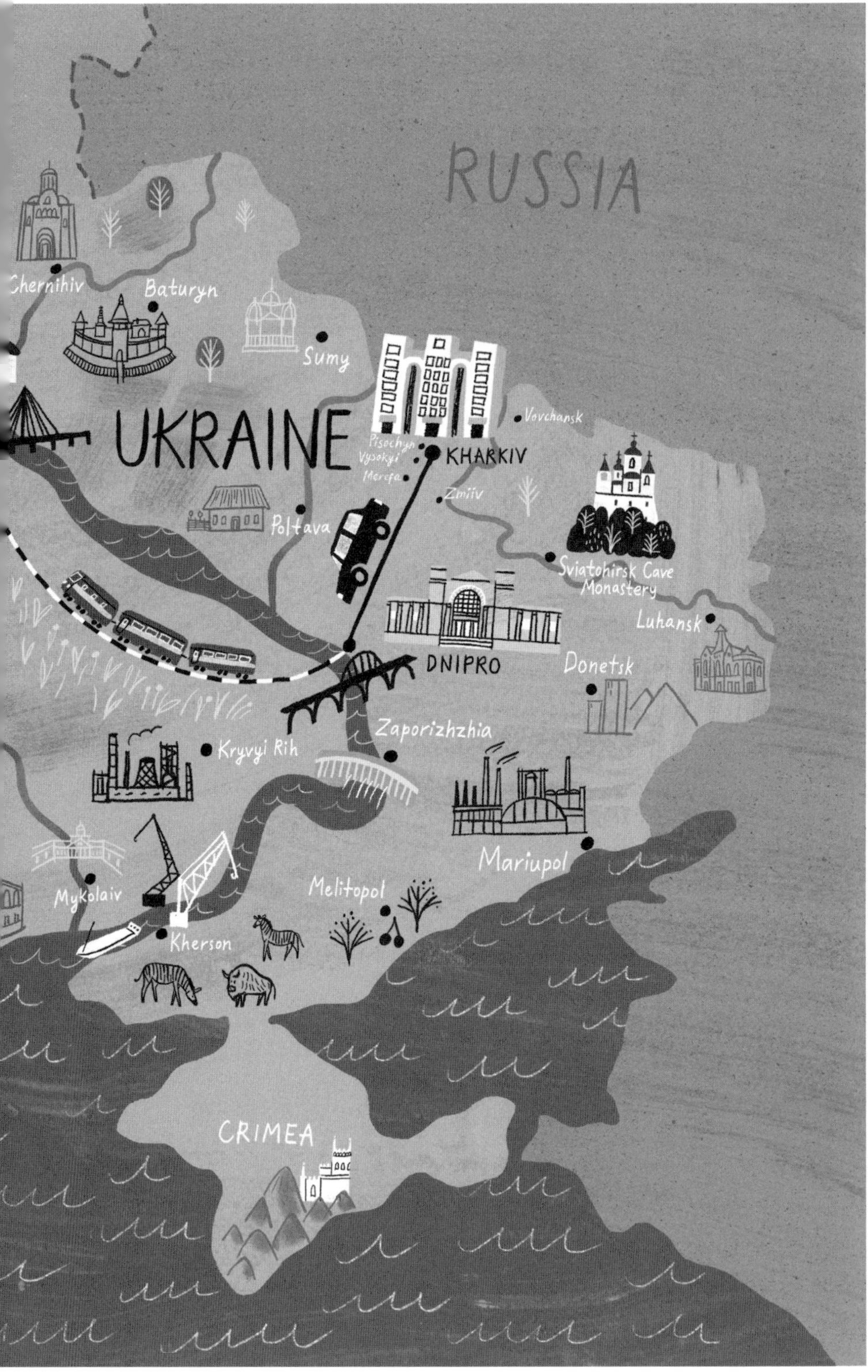

RUSSIA
UKRAINE
Chernihiv
Baturyn
Sumy
Vovchansk
Pisochyn
Vysokyi
Merefa
KHARKIV
Zmiiv
Poltava
Sviatohirsk Cave Monastery
Luhansk
DNIPRO
Donetsk
Zaporizhzhia
Kryvyi Rih
Mariupol
Melitopol
Mykolaiv
Kherson
CRIMEA

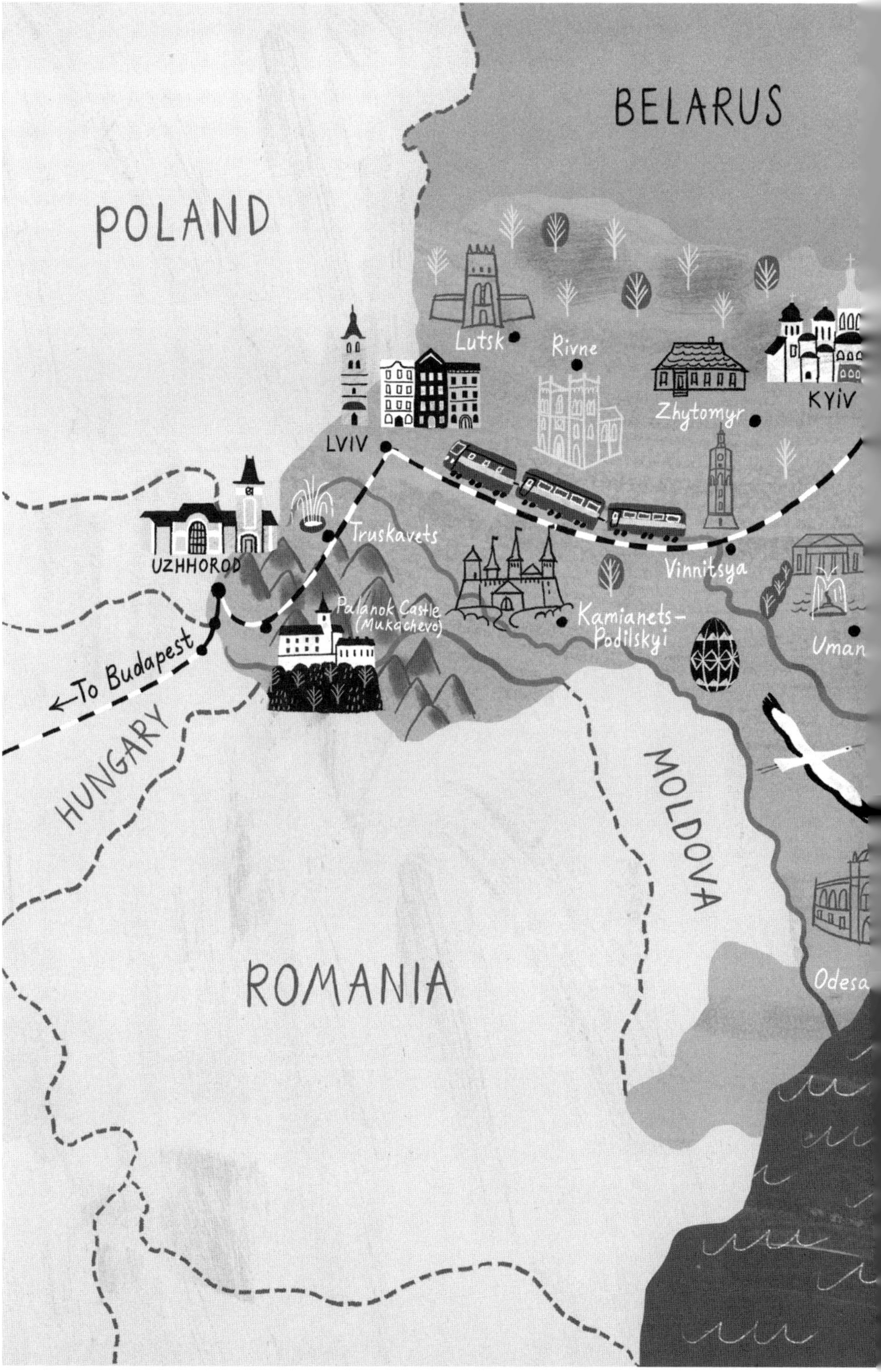
BELARUS
POLAND
Lutsk
Rivne
Zhytomyr
KYIV
LVIV
UZHHOROD
Truskavets
Vinnitsya
Palanok Castle
(Mukachevo)
Kamianets-
Podilskyi
Uman
←To Budapest
HUNGARY
MOLDOVA
ROMANIA
Odesa

2022年3月4日

「ロシアがウクライナの都市を消し去る計画」
——フィナンシャル・タイムズ

プーチンから冷酷《れいこく》な警告
最悪の事態は、まだこれからだ
——デイリー・テレグラフ

ウクライナの原発を攻撃《こうげき》、
専門家は警戒《けいかい》の色を示す
——アイリッシュ・タイムズ

ウクライナが赤十字に要請《ようせい》
包囲された一般《いっぱん》市民に人道回廊《じんどうかいろう》を
——キーウ・ポスト

クレムリンにて「ウクライナで勝つ」と宣言
難民は100万人を突破《とっぱ》
——ニューヨーク・タイムズ

9日目

朝6時に目が覚めた。今の時点で、この電車の終着駅はウジホロドになることを知った。地図を確認すると、ウジホロドはウクライナの西の端《はし》っこにある。もともとは、ここを目的地にしようっておばあちゃんと決めていたんだ。でも、リヴィウからルーマニアやドイツへわたれることがわかったので、ウジホロドではなく、新しい友達のレラと一緒《いっしょ》にリヴィウで降りようか迷った。一緒《いっしょ》に行きたいなって。ただ、電車を降りないほうがかしこい選択《せんたく》だと確信した。だって、リヴィウで乗り換《か》えても、ルーマニア国境行きのバスは3時間待ちだし、国境に着いてもどうなるかわからない。それで、結局は終点のウジホロドまで乗っていくことにした。

レラは、お母さんと一緒《いっしょ》にリヴィウで降りた。ハルキウでいつか会いたいね、って言ってお別れした。わたしはおばあちゃんと一緒《いっしょ》に、ウジホロドに行く。スロバキアやハンガリーとの国境がある都市だ。あとのことは、着いてから考えよう。

午前8時00分：リヴィウでたくさんの人が降りたので、乗っていた車両は、半分くらい席が空いた。寝台《しんだい》の下の席が空いている、別のコンパートメントへ移動する。
車掌《しゃしょう》さんが近づいてくる。彼女《かのじょ》はザポリージャ(＊27)出身で、前にロシア軍がザポリージャ原子力発電所を占拠《せんきょ》したことを話してくれた。そこの原子炉《げんしろ》は、もし爆発《ばくはつ》すればチョルノービリ原発の10倍をこえる被害《ひがい》が出るそうだ。そうなれば、近くのものはもちろん、はるかかなたにあるものまで全部が破壊《はかい》されてしまうらしい。

午後1時00分：5時間経過。長旅すぎて、飽《あ》きてきた。電車は今、西部にあるムカチェヴォにいる。ムカチェヴォ城が見えたよ。パシャッと1枚、とっておこう。去年の夏もここに来たのは覚えているけど、今回は、戦争からのがれるための旅なんだ。

午後3時00分：ようやくウジホロドに到着《とうちゃく》。まずは駅で腹ごしらえ。その後、避難民《ひなんみん》の収容施設《しせつ》に入るために、事務所へ向かった。おばあちゃんとともに、バスへと誘導《ゆうどう》された。行き先はわからない。自分たちに何が待ち受けているのか、だれも知らないみたい。避難民《ひなんみん》になったことを、かみしめる。ひょっとしたら、行き先はイギリス、あるいはヨーロッパ(＊28)で、そこで生活できるかもしれない。
次の受付で難民登録をして、滞在《たいざい》する場所を確認した。住所が書かれた書類をわたされ

昨年、訪れたムカチェヴォ城を、
電車で通過中。

ウジホロドへ向かう車内にて。日記帳は
肌身《はだみ》はなさず持っている。

た後、数人のボランティアが車で連れていってくれた。

午後6時00分：書類に書かれた住所に到着《とうちゃく》。学校だ。中に入ったとき、わたしたちの後ろから、ひとりの男の人が歩いてきた。最初、その人はドイツ語であいさつをしてきたと思ったけれど、どうやら英語だったみたい。わたしに何かを聞きたそうにしていたので、「悪いけど、今は話せません」とお断りした。これから、自分がどうなっていくのか、見当もつかなかったからだ。

わたしたちをむかえてくれたのは、マイナさんという女性だった。ここの責任者で、何がどうなっているのかを教えてくれた。校内を案内してもらっていると、さっきの男性が、わたしたちを撮影《さつえい》し始めた。

どうやって自分の機嫌《きげん》をとればいいのかわからない。緊張《きんちょう》して、この状況《じょうきょう》から降りかかってきたストレスに、うちのめされそうだ。やるべきことを見つけなきゃ。自分の居場所や立場、世界で何が起こっているのかを理解しなきゃ。ゆったりとねむれる温かいベッドではなく、学校の体育館のマットレスで、どうやってねむればいいんだろう。お風呂《ふろ》はどこだっけ？　そうだ、ここには温かいお風呂《ふろ》はないんだ。

学校にもどりたい。通っていた学校に。友達のところに。

頭がまっ白だ。

午後8時00分：うろうろと歩き回って、いそがしく過ごそうとしている間に、おばあちゃんは、さっきわたしたちを撮影《さつえい》していた男性に、わたしが戦争体験を記録している、ってことを話していた。フラヴィアンさんというこの男性は、ロシア語がまったく話せないのに、おばあちゃんはどうやって伝えたのかな……謎《なぞ》だ。それでも、おばあちゃんの様子が相手の心に引っかかったんだね。わたしは、ふたりのところに行ってあいさつをした。フラヴィアンさんは、イギリスのテレビ局、チャンネル4で働いているんだって。

わたしは、自分の身に起こったことをすべて話した。すると、カメラを回してインタビューをさせてほしいとお願いされた。

撮影《さつえい》場所を探している間、会話のなかで、フラヴィアンさんはフランス人だとわかった。結局、部屋は見つからず、学校の講堂のど真ん中を使うことになった。フラヴィアンさんがカメラを回して、わたしが自分の書いた日記を読んだ。それから、『チャンネル4ニュース』で記者をしているアイルランド人のパライックさんが、わたしにいくつか質問をした。

わたしたちは、番組スタッフに、ウクライナから脱出《だっしゅつ》する、あるいは移住先を探す手伝いをしてもらえないかとたのんだ。すると、何かできることがないか、探してみるよと返事をしてくれた。どうか、助けてもらえますように。
この学校の体育館には、わたしたち以外に50人くらいが滞在《たいざい》しているそうだ。
午後10時00分：ベッドに案内された。寝《ね》ることにしようっと。

（＊27）ウクライナ南東部にある工業都市。複数の発電所があり、ザポリージャ原子力発電所はヨーロッパ最大、世界でも十本の指に入る規模をほこる。
（＊28）ウクライナは地理的にはヨーロッパの一部とみなされるが、旧ソ連諸国は大半が欧州《おうしゅう》と異なる文化を引き継《つ》いでいるため、自分たちを「ヨーロッパ人」とは思っていない。

―――― 2022年3月5日 ――――

核《かく》による大惨事《だいさんじ》
「危機一髪《ききいっぱつ》」で回避《かいひ》

――ガーディアン

ロシアが欧州《おうしゅう》最大の原子力発電所を占拠《せんきょ》、
ウクライナ人の避難《ひなん》増で南部は繁栄《はんえい》

――ニューヨーク・タイムズ

ウクライナ全土で
さらなる空爆《くうばく》発生

――BBC

ウクライナ戦争は「世界経済に大打撃《だげき》」
IMFが警告

――CNN

ウクライナの選手、
パラリンピック開幕で
7つのメダルを獲得《かくとく》

――キーウ・ポスト

10日目

昨日は自分らしくないと思っていたけれど、目が覚めたら、少しはましになっていた。ハルキウの状況《じょうきょう》はかなり悪い。起きていることすべてを受け止めるのは、簡単じゃない。友達のなかには、ウクライナ軍から、集合住宅の地下室を出るように言われた子もいる。そこにいると危険だから、って。その子たちは、トラックに乗せられたんだって。どこに連れていかれたの？　だれも知らない。ひょっとして、市の中心部へ行ったのかな……。

おばあちゃんの友達の半数は、自宅が倒壊《とうかい》したんだそうだ。しかも、みんなハルキウをはなれたがっているみたい。ハルキウが危険だってことに、やっと気づいたんだね。でも今は、以前よりも避難《ひなん》しづらくなっている。

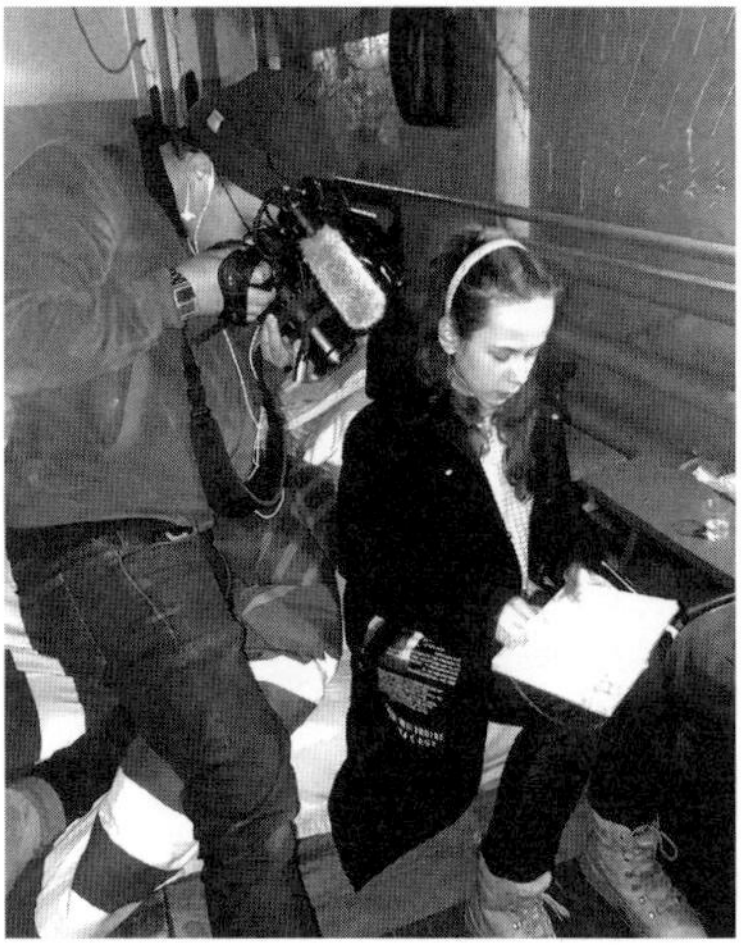

『チャンネル４ニュース』の取材を受けて、日記を読むわたし。

オリハに電話する。今はドニプロにいるって。どうやら、とっても静かなところみたい。

午後2時00分：チャンネル4の記者たちがもどってきた。わたしは、記者の人たちと話しながら、内容を訳しておばあちゃんに伝える。戦争開始から数日間、わたしたちが体験した戦争の話をした。

その後、市の中心部まで行って、いろいろ見て回った。

ビルや歴史的建造物など、そのどれを見てもハルキウを思い出す。美しい街の景色を見わたせる橋を見たとき、ハルキウと重なって、心の奥《おく》が、ズキズキした。ハルキウは、ウジホロドよりずっときれい、いや、きれいだったな。あ、でも、とりあえずここのチョコレートはおいしいよ。それと、もうインナさんの充電器《じゅうでんき》は借りられないから、スマホの新しい充電器《じゅうでんき》を買ったんだ。

滞在《たいざい》先の学校にもどると憂《ゆう》うつな気分になったけれど、落ちこまないようにしなきゃね。

2022年3月6日

ロシア、停戦合意中に砲撃《ほうげき》を再開
停戦合意からわずか2日で市民避難《ひなん》を停止
――アイリッシュ・タイムズ

ロシアの「残酷《ざんこく》な軍事侵攻《しんこう》」に抗議《こうぎ》デモ
数千人が参加
――インディペンデント

ロシアの軍事侵攻《しんこう》をかいくぐる
ウクライナの避難民《ひなんみん》、150万人超《ちょう》
――キーウ・ポスト

ウクライナ、一部製品の輸出を停止
食糧《しょくりょう》不足の危機高まる
――CNN

「戦争の実態を知っている」ポーランド人、
ウクライナの難民支援《しえん》へ
――ガーディアン

11日目

平和な朝が始まった。起きて、身支度を整えると、散歩をしながら市の中心部へ向かった。この街が好きになりつつある。特にウジュ川沿いの遊歩道がお気に入りだ！

1日を、楽しい気分で過ごした。学校の友達、フリスティーナに電話をかける。30分くらい、おしゃべりタイムを満喫《まんきつ》した。それと、『チャンネル4ニュース』のプロデューサー、フレディさんから電話がかかってきた。わたしたちについて、短い動画を撮影《さつえい》したいって言われたので、今、どこにいるかをスマホで送っておいた。

しばらくして、記者たちと合流。イギリスで放送されている『チャンネル4ニュース』の番組撮影《さつえい》だ。「友達のひとりに電話してほしい」と言われた。オリハに電話しよう、って思いついたんだけど、出なかった。だけど……。今日は、もうすでにフリスティーナには電話しちゃったしなあ。わたしは、ひそかに考えた。いいこと思いついた！　フリスティーナのインタビューを録音すればよくない？　彼女《かのじょ》のお母さんに許可をもらって、収録を開始した。

フリスティーナは今、ハルキウにいる。かなりのこわいもの知らずだから、ハルキウをはなれていないんだ。彼女《かのじょ》は、砲撃《ほうげき》があったときにはどう行動するか、ってことを話していた。家族みんなで廊下《ろうか》に出て、砲撃《ほうげき》が終わるのをじっと待つんだって。わたしは、彼女《かのじょ》の話をときどき訳して伝えた。

撮影《さつえい》が終わると、おばあちゃんとふたりで滞在《たいざい》先の学校へともどった。

―――― 2022年3月7日 ――――

「残酷《ざんこく》な」プーチン
恐怖《きょうふ》の雨を降らせる
――デイリー・テレグラフ

生き延びるために一家で避難《ひなん》
――タイムズ

空・陸・海から攻撃《こうげき》
ウクライナの市民が犠牲《ぎせい》に
――キーウ・ポスト

命がけで走れ
――メトロ

「虚無《きょむ》への転落」
ウクライナ人家族が苦しむ
別離《べつり》の痛み
――ニューヨーク・タイムズ

12日目

おばあちゃんと、これからどうすべきかを話した。もうすぐ新学期が始まるし、ここではどこの部屋も借りられないから、滞在《たいざい》し続けることはできない。ウクライナを出なきゃ、という決断をした。だけど、そのためには、おばあちゃんの新しいパスポートが必要だ。前のパスポートは、爆撃《ばくげき》にあったアパートに置いてきちゃったから。

　難民支援《しえん》登録センターになっているソフィネ・ニズドへ(＊29)行ってきた。パスポート担当窓口へ案内されたが、そこは、新型コロナウイルス感染症患者《かんせんしょうかんじゃ》のための仮設病院になっていた。相談電話に連絡《れんらく》してくれた人と会ったけれど、戦争が終わるまで、正式な手続きをしなければ、パスポートの再発給はしないという。ああ……そうなんだ。だけど、わたしたちは他の国へ避難《ひなん》する方法を探すって決めたんだ。

　ソフィネ・ニズドから帰ってきた。ドニプロにいたとき、ATMで現金をたくさん引き出していたけど、現金で宿泊《しゅくはく》できるところがないので、銀行口座にもどそうということになった。だけど、ツイてないなあ――ここの銀行、わけあってウクライナの通貨をあつかっていないみたい。だから、フリヴニャ(＊30)をユーロに両替《りょうがえ》することにしたんだけど、レートはあまりよくなかった。1ユーロに両替《りょうがえ》するには43フリヴニャが必要なのに、1ユーロをフリヴニャにもどすと38フリヴニャしか返ってこない。以前は、1ユーロ＝30フリヴニャで両替《りょうがえ》できたのに。それに、ユーロからフリヴニャにもどすときだって、差額は1フリヴニャをこえることは絶対になかったのに、今は両替だけで5フリヴニャもかかるなんて……。

わたしたちは、滞在《たいざい》先の学校にもどった。記者たちが、同僚《どうりょう》のニックさんを紹介《しょうかい》してくれた。ニックさんは、通訳をつけて電話をかけてきてくれたんだ。これからどうすればいいのか、次に何をすべきかわからない、とわたしは打ち明けた。ウクライナにとどまるべきか、あるいははなれるべきか。

そうそう、この電話がかかってくる前に、シロクマの着ぐるみ姿の人が来て、楽しいショーを見せてくれたんだ。流れる音楽に合わせて、子どもたちみんなで踊《おど》って過ごしたよ。

（＊29）別名「フクロウの巣」。ウジホロドにある歴史的なワイン貯蔵所で、イベントスペースになることも多い。イエバがいた当時は難民支援《しえん》センターだった。
（＊30）フリヴニャはＩ９９６年に導入されたウクライナの通貨。補助単位は「コピーカ」で、Ｉフリヴニャ＝Ｉ００コピーカ。

ウジホロドの難民支援《しえん》センターで、ささやかなお楽しみ。

ハンガリーへ

Hungary

2022年3月8日

ハルキウは日ごとにゴーストシティ化

——キーウ・ポスト

ウクライナとロシアの協議は進まず

キーウでは

ロシア軍の猛攻撃《もうこうげき》に警戒《けいかい》

——アイリッシュ・タイムズ

プーチンの砲撃《ほうげき》で病床《びょうしょう》を追われた

患児《かんじ》たち

——インディペンデント

避難《ひなん》せず戦うことを選んだ夫……

キーウで再会するのは

勝ってから

——ロンドン・イブニング・スタンダード

数千人の難民収容を約束

——アイリッシュ・エグザミナー

13日目

今日はいろいろなことがあった。日記を書く時間がまったくないくらいにね！

目が覚めてすぐに、終着点をハンガリーにしよう、って決めた。おばあちゃんいわく、たとえ書類が足りなくても、ハンガリー当局が見逃《みのが》してくれることがあるのだそうだ。幸運をいのろう。

ウジホロドのギリシャ・カトリック教会司祭のエミリオ神父に電話をかけた。記者さんたちに連絡《れんらく》先を聞いていたのだ。エミリオ神父から、ボランティアの電話番号を教えてもらう。ボランティアに連絡《れんらく》をとると、その人が学校までむかえに来て、ハンガリー国境近くのチョープ(＊31)まで連れていってくれることになった。チョープから国境をこえて、ハンガリーのザホニーへ行くんだ。

「電車の出発はいつですか？」

ボランティアの男性に質問した。

「10時25分です」

「間に合うでしょうか？」

駅まではほんの30分なので心配いりませんよ、と言われた。

さて、出発の準備だ。荷物をまとめようと、滞在《たいざい》先の学校の中を、ロケットみたいに飛び回って行ったり来たり。もう一度、ボランティアさんに電話をかけたら、15分以内にこっちへ着くみたい。

マイナさんともお別れだ。温かくむかえてくれてありがとう、と伝えた。むかえの車が到着《とうちゃく》したので、ボランティアの方に自己紹介《しょうかい》をした。ボランティアの方はアルセニーさんというそうだ。チョープの駅まで送ってもらう間の車中で、わたしたちはこれまで体験してきたことを打ち明けた。テレビ局の記者さんたちにも、ここで電話をかけた。みんな、ザホニーでわたしたちを待っているんだって。

チョープに着いた。アルセニーさんは、駅構内の道順を教えてくれて、切符《きっぷ》を買うのも手伝ってくれた。わたしは、そのすべてを撮影《さつえい》していた。そして、おばあちゃんとふたりで出国審査《しんさ》を待つ人の長い列に加わる。電車は、なんらかの理由で遅《おく》れていた。午前10時25分に出発する予定だったけれど、出発の許可が出たのは正午だった。

おばあちゃんとわたしは、出国審査官《しんさかん》に書類を提出した。だけど……もう1枚、書類が必要だと言われた。両親の署名入りの出国同意書だ。でも、持っていない。

ママがトルコへもどる前に、このことで大げんかになったんだった。ウクライナでは、すでに戦争が始まるかも、ってうわさされていたのに、ママは「ロシアはそこまでひどく攻《せ》めてこないよ」って言って聞かなかった。許可証を取得するにはお金がかかる。必要のないものにお金を払《はら》いたくなかったんだろうね。

わたしたちは引き留められた。ハンガリー行きを許可するかどうかの判断を下そうとしている。わたしたちは目に涙《なみだ》をうかべ、いのりながら立ちつくしていた。どうか、わたしたちを通してください、って。そしたらね、「通過してもいい」って！　話によると、親の署名入りの同意書がなくても、おばあちゃんがパスポートを持っていなくても、戦争中は通常のルールが適用されないから許可が下りたんだって。いのりをささげて神様を深く信《しん》仰《こう》したおかげで、わたしたちは通過できたんだ。すっごくうれしかった。

電車に乗りこんだ。バンザーイ！　おばあちゃんは席を見つけ、わたしは立った。わずか20分後、わたしたちはウクライナを出て、ハンガリーのザホニーへたどり着いた！　電車を降りるように指示が出るのを待つ。乗客全員のパスポートをチェックしているのだ。また同意書のことを言われたら……と思うと不安になった。窓ごしに、テレビ局の記者さんたちがホームにいるのを発見。手をふったら、気づいてくれた。電車から降りようと、ドアにゆっくりと向かっていると、フラヴィアンさんが、何気なく線路に降りて撮影《さつえい》を始めた。なんだかおもしろいな。

30分から1時間くらいたって、ようやくわたしたちの順番がきた。書類のチェックを受けて電車を降りた。同意書を要求されずにすんで、ほんと、助かったぁ。

記者さんたちと合流し、そこから難民登録をする場所へ連れていかれた。残念ながら、記者さんたちは中に入れない。おばあちゃんは、そこでいったん3カ月間有効のビザを取得した。再び、記者さんたちを発見。女の人が、まるでチラシのように電車の切符《きっぷ》を配っていたので、すぐさま受け取る。それから、ハンガリーの首都、ブダペストへ向かう電車にさっさと乗りこんだ。

こうしている間も、同じ学校の友達は、校内のチャットでメッセージのやりとりを続けていた。ほとんどの同級生が、今はもうハルキウにはいない。ポリーナはドイツへ、マリナはウクライナ中部のクレメンチュクへ、キリロはポーランド国境へ避難《ひなん》している。

ハンガリーでは、英語やロシア語をしゃべっている人を見かけない。警察官やボランティアの人のなかには話せる人がいるかもしれないけれど、それを除けば、使えるのはハンガリー語だけみたいだ。

もう、ブダペストに到着《とうちゃく》だ。最初に電車からながめていたときは、ありきたりで退屈《たいくつ》な街並みに見えた。でも、それはまちがいだってことがすぐにわかったよ……電車は駅舎をちょうど出たところにあるホームにとまった。降りたときに、目に入ったものにびっくりした。ブダペスト東駅って、巨大《きょだい》な柱が、巨大《きょだい》なガラスの屋根を支えている、とっても美しい駅なんだよ。記者さんたちは、わたしの写真をとり始めた。駅の本館に入ると、壁《かべ》に沿って彫像《ちょうぞう》が並んでいる。ボランティアの人たちが、シャンプーや生理用品、おむつなどの必需品《ひつじゅひん》をいろいろと配っていた。わたしたちも、なんとか歯みがき粉や歯ブラシ、食べ物を手に入れられた。

駅を出て、あたりを見回してみた。信じられない！「なんて美しい街なんだろう！」って言いっぱなしだった。大型ショッピングセンターや古風な建物があって、あちこちで人や車がそうぞうしく動いている。ワクワク、ドキドキする気持ちをおさえられなかった。

わたし、ヨーロッパにいるんだ！　しかも、生まれて初めて！

記者さんたちが車を手配してくれていたので、その車をおばあちゃんとふたりで探しに行った。何度か道を横断しなきゃいけなかったんだけど、その都度、おばあちゃんと記者のパライックさんは体力がもたず、道の真ん中にある安全地帯で足止めされていた。なんだか、ウケちゃったよ。それからポーランド出身の運転手、ピョートルさんと落ち合った。記者のみんなとはここでさよならをして、明日、また会うことにした。それから、ピョートルさんの運転する車で、しばらくお世話になる人のところへ向かった。

街の反対側まで車を走らせる。ハルキウを思い出させてくれる通りをいくつか見かけた。古いお寺も。セーチェーニ鎖橋《くさりばし》にさしかかると、美しい光景が広がっていた。まるで、おとぎ話から飛び出してきたみたい。ボートが浮《う》かび、明るい光があちこちにかがやいてる。街灯に照らされた川は、ロマンチックな雰囲気《ふんいき》が満点だ。川の両岸には、おどろくほどすてきな建物が並んでいる。ブダ王宮に国会議事堂、他にも興味深いものがいっぱい。言葉が出ないよ。「これ、どれもこれも全部、ヨーロッパみたい！」って言ってばかりだった。ピョートルさんは、「ブダペスト」っていう街の名前の由来を教えてくれた。ドナウ川をはさんで東側の「ペスト」には食料品などのお店が多く、その対岸の「ブダ」には王宮があることにちなんでいるんだって。(*32)

午後9時00分：新しい家に到着《とうちゃく》。これからお世話になるアッティラさんという男性と初対面。わたしたちに会えて、うれしそうにしていた。わたしたちの部屋やバスルーム、キッチンを案内して、「自由に使っていいよ」と言ってくれた。「明日はもっと話しましょう」って。とても親切な方だ。

明日は大事な1日になるはず。だけど、今日はもう、つかれすぎてたおれそうだ。

（＊31）ウクライナ西部の都市。ティサ川をはさんで向こう岸がハンガリーのザホニーという町。

（＊32）これはイエバに伝えられた説。ブダペストはドナウ川をはさんで向かい合う「ブダ」と「ペスト」の2都市が統合してできた街。ハンガリー語でブダは「水」、ペストは「かまど」の意味。

2022年3月9日

ウクライナ戦争開始から2週間。
ロシア侵攻《しんこう》はゆるむも止まらず
――インディペンデント

人道回廊《じんどうかいろう》で約3万5千人を救出、
ゼレンスキー大統領が発表
――CNN

ゼレンスキー大統領、
飛行禁止区域を求める
人道的大惨事《だいさんじ》を止めるため
――キーウ・ポスト

「プーチンへの一撃《いちげき》」
英米がロシアの石油使用を禁止
――ガーディアン

われわれは絶対にへこたれない
――デイリー・ミラー

14日目

朝8時半に目が覚めた。ロシアの侵攻《しんこう》が始まってから、一晩中ねむれたのは初めてだ。昨日の出来事を思い出しつつ、にんまりしながらまどろんだ。

アッティラさんには、ハルキウで経験してきたことや、ここにたどり着くまでの話をした。

今日は新しいこの街をぐるっと探索《たんさく》したいな。あ、ちなみに今いる家は、街のほぼ中心部。おもしろい間取りなんだよ。玄関《げんかん》のドアから長いバルコニーが続いて、そのバルコニーからは小さな中庭が見わたせる。たった今、アッティラさんはわたしたちの写真を何枚かとってくれた。カメラマンをしているんだって。

記者さんたちが、電話でデララさんとトムさんを紹介《しょうかい》してくれた。ふたりとも『チャンネル４ニュース』の同僚《どうりょう》だって。これから会う予定なんだ。待ち遠しいな！

時間が過ぎていく。デララさんとトムさんに会うのが楽しみだなぁと思いながら、部屋の中をせわしなく歩き回る。すると、そのときドアベルが鳴った。ふたりだ。急いで中に入ってもらおうとしたけれど、いきなり家の中で迷子になっちゃった！　数分たってからやっと玄関《げんかん》を発見。おばあちゃんとふたりで自己紹介《しょうかい》をしてから、部屋に上がってもらった。わたしたちは話し始めた。これまでに自分が経験してきたことを最初から伝える。しばらくすると、『チャンネル4ニュース』の他の記者さんたちもやってきた。今度は迷わずに玄関《げんかん》まで行けたよ。それから、インタビューの収録開始。わたしたちは、デラさんやトムさんと一緒《いっしょ》にここに残ることになったけれど、みんなはこれからモルドバに向かうんだって。そっかぁ……残念だな。みんな、無事にモルドバへ行けますように。みんながいなくなっちゃうのは、ほんとにさびしいよ。

みんなが出発したあと、川のそばまで散歩することにした。地図をにぎりしめてお出かけ。でも、行き方が全然わからない。ハンガリー人の女の子に聞いてみたんだけど、その子はほとんど英語が話せない。翻訳《ほんやく》アプリを使っていろいろ説明したら、指示してくれるんだけど言っていることがほとんどわからなかった。そのまま歩き続けて、また別の人たちにたずねてみたんだけど、だれもこちらを見ようとしなかった。これってある意味、差別だよね！

なので、予定を変更《へんこう》して、アパートのとなりにある公園をぶらぶらして過ごした。その後、薬局に行きたくなった。そしたら運良く、英語を話す女の子に出会ったんだ。ただ、その子が連れていってくれたのは、じつは薬局じゃなくて医療《いりょう》系の研究所だったんだけど。彼女《かのじょ》はまだ教えてくれようとしていたけれど、わたしたちは理解できず。そうそう、言い忘れていたけど、ここ、ブダペストの救急車や消防車、パトカーのサイレンはめちゃくちゃうるさいんだよ。ちょっと音量を下げたらどうなんだろう！

そうこうしていると、デララさんから電話がかかってきて、川下りのツアーに出て観光しよう、ってさそわれた。もう、めっちゃうれしかったよ！　もちろん、行くって答えた。夜の7時45分にむかえに来てくれるって。そこから船に乗って、ブダペストをもっとしっかりと見て回ろうっと。

午後7時46分：ドアベルが鳴ったので、つまずきながらも走ってドアを開けに行った。タクシーで市街地を走りぬけ、船に乗るのを待った。

しばらくして、船のほうへと歩いていく。うきうきしながら船に乗りこみ、最上階のデッキに向かった。船が動き出して、川を下っていく。外の空気を吸いたくて、屋内の乗客用デッキから外へ出たら、ちょうど、国会議事堂の横を通過しているところだった。とってもきれい。アメリカのホワイトハウスを見たことはないけれど、ハンガリーの国会議事堂のほうが100万倍すてきなはず。信じられないくらい大きくって、まるで宮殿《きゅうでん》みたいだもん。屋上にかかげられたハンガリーの国旗はぱっと目を引き、夜のライトアップによって雰囲気《ふんいき》もロマンチックだ。橋の下を通過して、お城に心をうばわれて、街全体がキラキラとかがやいて見えた。何もかもがこんなにも美しいなんて、と圧倒《あっとう》されて、その場に立ちつくした。

川下りのツアー中にインタビューの撮影《さつえい》をした。あらゆる感情が今にも爆発《ばくはつ》しそうだった。やがて、船は向きを変えた。一瞬一瞬《いっしゅんいっしゅん》の時間を、わたしは楽しんだ。

停泊《ていはく》した船を下りて、アパートへもどった。すてきな夜をプレゼントしてくれたトムさん、デララさん、ありがとう。部屋にもどるころには相当つかれて、ベッドにたおれこむや、深いねむりについた。

『チャンネル4ニュース』のみんなと、ドナウ川のクルーズを楽しんだブダペストでのすてきな夜。

2022年3月10日

「大虐殺《だいぎゃくさつ》」
ロシアがウクライナの小児病院を爆撃《ばくげき》
――ガーディアン

雪は暖まると水に、
人は爆破《ばくは》されて消滅《しょうめつ》
――ニューヨーク・タイムズ

「進展なし」
ロシアとウクライナ外相、
侵攻《しんこう》後初の会談終了《しゅうりょう》
――ウィーク

ウクライナ危機 ――
世界の食糧《しょくりょう》生産につのる不安
――スコッツマン

クリチコ市長が明かす
キーウの人口が半減
――キーウ・ポスト

15日目

夜の間に、数人の難民がオデーサ(＊33)から来て、ここに泊《と》まった。今朝早くに、また別の難民も到着《とうちゃく》した。

わたしはこのあと、デララさんとトムさんに会って、自分の日記を読むことになっている。早く会いたいな。『チャンネル4ニュース』の他のメンバーは、もうモルドバに着いたんだって。

おばあちゃんと散歩をしようってことになったんだけど、今回は迷わないですみそう。緑あふれる公園を、ふたりで歩く。今日はとっても暖かくていい天気だ。

散歩から帰ってきたら、トムさんとデララさんがやってきて、わたしが日記を読んでいるところを撮影《さつえい》した。

わたしは毎日、友達にメールや電話をして、ハルキウがどんな状況《じょうきょう》なのかを聞いている。まだハルキウに残っているズィナおばあちゃんやヨシップおじいちゃんとも話すよ。

明日は、記念すべき日なんだ。記者さんたちと会ったときから、この日記にも書かなかった秘密がある。発表は、明日まで待ってね……。

（＊33）ウクライナ南東部にある黒海に面した港町。

アイルランドへ

Ireland

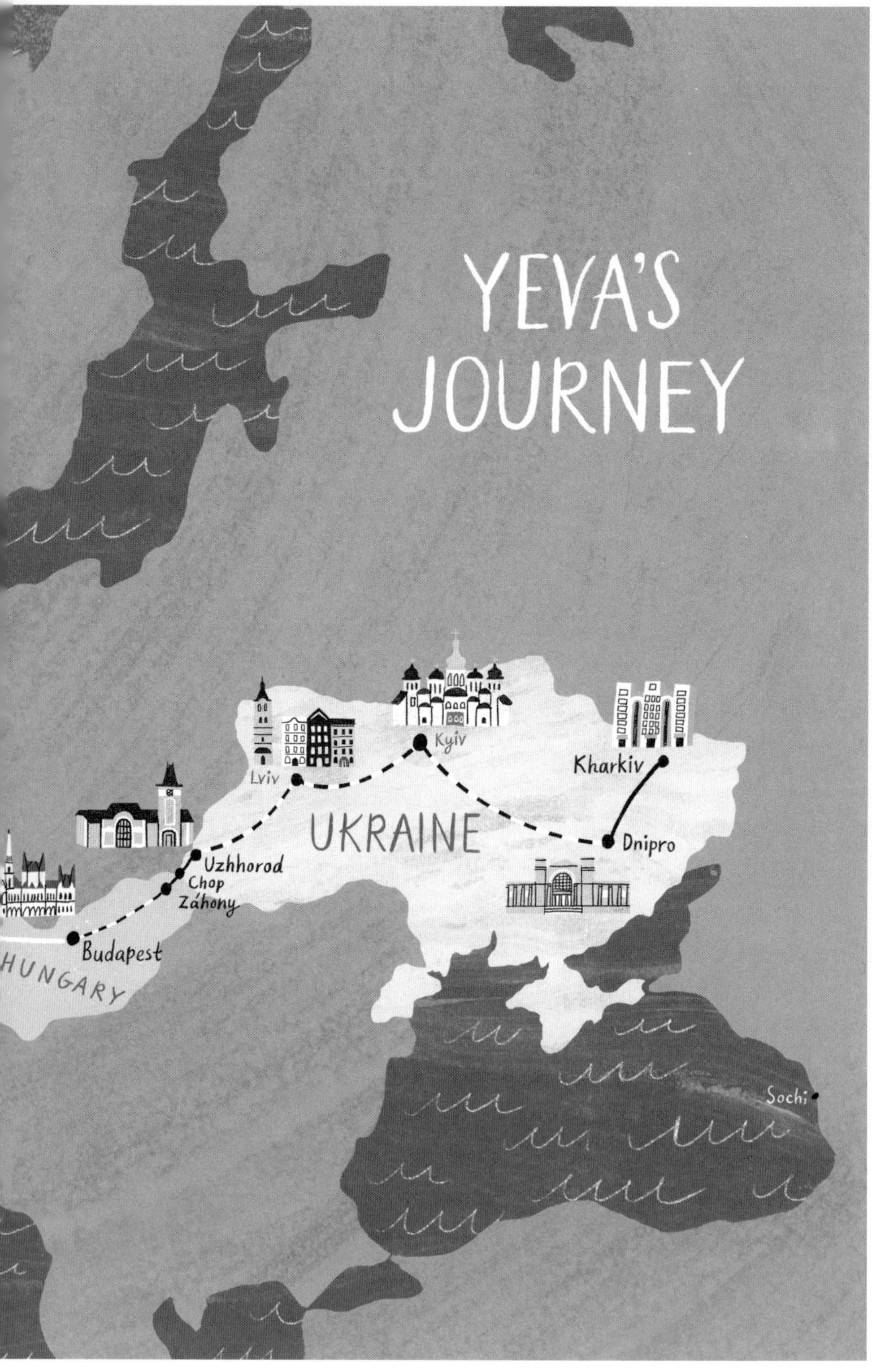
YEVA'S JOURNEY
Kyiv
Kharkiv
Lviv
UKRAINE
Dnipro
Uzhhorod
Chop
Záhony
Budapest
HUNGARY
Sochi

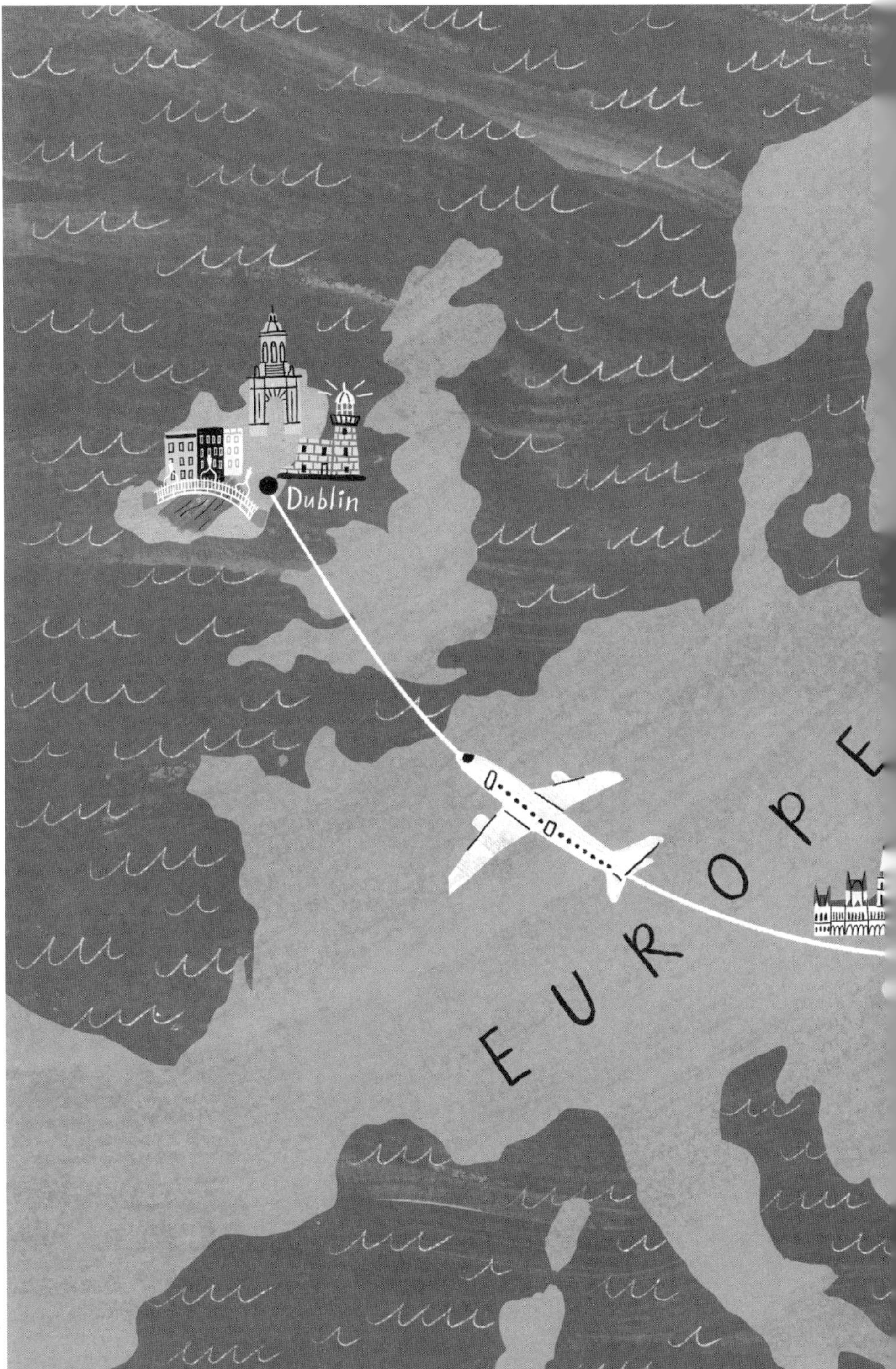
Dublin
EUROPE

16日目

今日、3月11日に、わたしたちはアイルランドのダブリンへ出発する。

このことは、これまで日記に書かずに秘密にしてきたんだ！　今から書いていくね。わたしは、記者のみなさんに初めて会ったその日から、イギリスに行けるように協力してほしい、ってお願いしてきたんだ。3日くらいして、イギリスに家族がいないと移住は無理だってことがはっきりした。でも、イギリスじゃなくてアイルランドかフランスなら行けるかもしれないよ、ってアドバイスをもらったんだ。ただ、フランスの人たちは、移民をそれほど歓迎《かんげい》していないっていううわさがあったし、わたしもおばあちゃんもフランス語を全然話せない。だからアイルランドにしよう、ってことになった。

ニックさんが、電話で手続きの流れを説明して、書類を送ってくれた。ここにいたるまで、記者のみなさんが手伝ってくれた。ブダペストにわたったのも偶然《ぐうぜん》なんかじゃなかったんだ。航空券は、昨日手に入れた。トムさんとデララさんが、スマホで見せてくれた。

おばあちゃんと公園を散歩して、そのあとショッピングセンターに行くことになった。そこでトムさん、デララさんと合流。カフェで席について、話をした。ふたりは最初、アイルランドに付きそってくれると言っていたんだけど、結局、行けなくなったそうだ。アパートまで送ってもらってから、わたしたちは荷造りを始めた。そして、空港に出発する前に道に座った。(*34)

空港に着いた。すべて準備OK。チケットを受け取り、保安検査場でトムさんとデラさんに別れを告げた。「困ったことがあれば声をかけてね」って言ってくれた。保安検査を通過して、出発ロビーへ。ゲートの番号が表示されるのを、おばあちゃんとふたりで座って待った。

1時間経過。「B24」のゲート番号が画面に表示されて、出国審査《しんさ》へ。審査場《しんさじょう》を通過したところに、搭乗口《とうじょうぐち》があった。あとは待つだけだ。

飛行機が遅《おく》れている。午後8時20分に出発するはずだったのにな。

30分間、列に並んで待った。すると、ようやく列が動き出した。係員がチケットを確認し、「マスクをしてください」と言った。ポケットを探ってみる。マスクがない——それじゃ、飛行機に乗れないよ！　戦争が起きていても、コロナウイルスはどこかに消えるわけじゃないからね。こんなささいなことで、飛行機に乗れなかったら……と不安になった。でも、大丈夫《だいじょうぶ》だった。神様、ありがとう。すべて、うまくいったよ。絶望にうちひしがれそうになったちょうどそのとき、客室乗務員がマスクをくれたんだ。行列は、飛行機に向かってゆっくりと進み始めた。

離陸《りりく》するまではかなりの時間がかかった。だけど、ようやく動き出した。わたしは、スマホを手に動画をとり始めた。飛行機は、滑走路《かっそうろ》を走りながら速度を上げ、ついに飛び立った！　最高！　とっても幸せだよ。だって、安全な国に行けるし、そこでわたしたちを待っていてくれる人がいるんだから。

ダブリンでわたしたちをむかえてくれるキャサリンさんと、ご主人のゲイリーさんには、離陸《りりく》前に電話をかけておいた。そしたら、空港で待っていてくれることになった。フライト時間は2時間40分。到着《とうちゃく》まで、待ち遠しいな。


ついに飛行機が着陸した。ダブリンに着いたよ！　スマホの機内モードをオフにすると、メッセージが山ほど届いていた。全部に返信したかったけれど、インターネットに接続されていない。

飛行機を降りて、長い廊下《ろうか》をいくつも歩く。入国審査場《しんさじょう》に着くまで、同じ場所をぐるぐる回り続けている気がした。入国審査《しんさ》では、おばあちゃんの書類に不備があることがわかったけれど、問題なく解決。90日間滞在《たいざい》できるビザを手に入れた。残りのことは、あとでちゃんとしよう。今は、空港で待ってくれている人がいるんだから、出口を探すだけだ。

出口までの道順を教えてもらった。歩いてドアを通りぬけると……わたしたちの到着《とうちゃく》を待つ人たちでごったがえしていた。テレビ局の記者、お世話になる家の主人であるキャサリンさんとゲイリーさん、そしてふたりの友達とその家族がいて、温かくむかえられた。わたしたちは、ずっと抱《だ》きあったままだった。

これ以上の幸せって、ない。

午後11時00分：さあ、これから車を探しに行って、家に向かおう。アイルランドの人は、とても優しくて気さくだ。そうそう、この国では、車は道路の左側を走るんだね。

午前3時00分：車に乗りこむと、『チャンネル4ニュース』のメンバーに電話をかけた。ここまでの道筋をつくってくれたこと、すばらしいホストを見つけてくれたこと、そして、わたしたちを安心させてくれたことに、感謝の言葉を伝えた。

家に着いたころはもう夜中だった。この家にはバディという名前の犬がいる。わたしはさっそくバディを抱《だ》っこした。家の中や、わたしたちの部屋を案内してもらった。新品のパジャマ、洗面用具、着心地のいい服を何枚か、それにおもちゃ……プレゼントをたくさんもらった。今は、興奮しすぎてねむれないから、この日記を書いているところだよ！

ダブリン空港で温かい歓迎《かんげい》を受けた。写真は左からわたし、キャサリンさん、そしておばあちゃん。

ダブリンで出会った、新しいお友達のバディ。

（＊34）旧ソ連の人々がするちょっとした儀式《ぎしき》。旅に出る前に静かに座ることで、ドモヴォイという家を守る精霊《せいれい》が旅人のもとを去っていくとされる。

—— 2022年3月12日 ——

ウクライナの少女イエバ(12)、
ダブリン空港でホストファミリーの歓迎《かんげい》を受ける
手には「戦争日記」
——アイリッシュ・インディペンデント

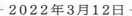

17日目

今日は、新しい国での、新しい1日がわたしを待っている。初めて会った近所の人たちから、ここ、アイルランドの地で温かい歓迎《かんげい》を受けた。ハグでごあいさつ。わたしたちに会えたことを、とてもうれしそうにしている。おばあちゃんは、英語をまったく話せないけれど、ここにいる人たちがとても誠実だってことはわかったみたい。花束を持ってきてくれた人がいる。プレゼントをくれた人も。とてもうれしい。

わたしたちは、座って話をした。とても興味をもって話を聞いてくれる。そこへ、ご近所さんが「うちでピアノをひかない?」って声をかけてきた。うれしいけれど、もう1カ月近くピアノにふれていない。最初は、これまで習った曲のひきかたを思い出すのに四苦八苦したけれど、すぐに記憶《きおく》がよみがえった。ピアノの音色をもう一度聞くことができて、気分は最高! クラシックの曲を何曲かひくと、心がワクワクした。

午後7時00分:夕方になると、さらにご近所さんがやってきた。そのなかに、わたしと同い年の女の子がいた。名前はニナ。「一緒《いっしょ》にお菓子《かし》を作ろう」ってさそわれちゃった!

またピアノがひけるんだ。

わたしはオーブンでおいしいものをいろいろ作るのが大好き。だから、はいって答えたよ！　材料を混ぜながら、おしゃべりで盛り上がった。スコーンをオーブンに任せたあとは、ニナのお母さんも入れてボードゲームで遊んだ。すごく楽しかったなぁ。しかも、わたしが勝ったから、気分は上々！

　ゲームが終わったところで、スコーンをオーブンから取り出す時間になった。かわいいスコーンの、できあがり。ここで、キャサリンさんとゲイリーさんの待つ家へ帰らなきゃいけない時間になった。めっちゃ楽しい夜だったな！　スコーンをいくつか持って帰ってシェアしたら、みんなに好評だったよ。ほっぺたが落ちそうなくらいおいしかった！

18日目

今朝はアイルランドの記者さんたちが、わたしのインタビューを撮影《さつえい》した。夕方にテレビで放送されるんだって。自分がテレビに映るのを見るのは初めてだけど、それほどワクワクはしないかな。心の中にあるのは、ウクライナのわが家のことだけ。胸が苦しいよ。

取材のあとは、キリスト教を信仰《しんこう》するウクライナ人のための教会へ行ってミサに参加した。自分たちのために、そして、ハルキウにいる大切な人たちのために、おいのりをした。

ゲイリーさんが、車にバディを乗せてむかえに来てくれて、うれしかったな。アイリッシュ海のビーチを散歩しようってさそわれた。もちろん、そのおさそいに飛びついたよ！

海辺に着くと、風がほっぺたをなでて、髪《かみ》をすりぬけていくのがわかった。砂浜《すなはま》に降りると、潮が引いていたから、すごく広々とした感じがする。写真を何枚か、パシャリ。息をのむほどきれいな海だ。わたしは着心地抜群《ばつぐん》の暖かいコートを着ていたけれど、カイトサーファーさんたちは寒さなんてへっちゃらで、勇敢《ゆうかん》に海へと向かっていたよ！　波の上をすべるように進むその姿に、ぐいぐい引きつけられた。海は鏡のようにすき通っていて、水面には空が映っている。わたしはビーチを走り回って、そのすばらしい一瞬《いっしゅん》一瞬《いっしゅん》を楽しんだ。もう、感動で胸がいっぱいだ。バディも走り回っていたから、つかまえちゃえ、とばかりに追いかけた。ほんと、ワクワクしっぱなしだった。

その後は、市内を見物。川の土手に沿って、木々が立ち並んでいる。ハルキウの芝生《しばふ》とはちがって、緑あふれる見事な公園は、実際に走り回れるようになっているんだよ！

家に帰ると、ワンコはすっかりくったくた。本当にすばらしい1日だったな。

20日目

昨日はズィナおばあちゃんとヨシップおじいちゃんに電話をした。ふたりは今、以前の地下室からハルキウ南部のハハリナ通りに面した地下室に移ったんだって。環境《かんきょう》はぐっと快適になって、ねむったり、体を洗ったり、調理して食事をする場所もあるそうだ。それまでの地下室は、湿気《しっけ》が多くて居心地が悪かったみたいだから、ほっとしたよ。

イリナおばあちゃんの友達のマルファさんは、パンを買いに行ったところ、テントを張って支援《しえん》活動をしているボランティアを見たんだそうだ。それで、次の日にもう一度地下室を出たときにはテントはなくなっていたという——残っていたのは、がれきだけだったそうだ。

午前8時00分：キャサリンさんもゲイリーさんも、学校の先生だ。今朝、わたしはゲイリーさんの学校へ行った。そこで出会った女の子たちは、わたしよりも年上だったけれど、一緒《いっしょ》に楽しく過ごした。

そのあと、みんなで学校を出て電車に乗った。窓からダブリンの街並みが見える。5階建てよりも高い建物がないなんて、不思議だな。ヨーロッパの街並み。赤レンガの建物。見ているとクラクラする。地下鉄が走ってないなんて、びっくりだよ！

リフィー川にまたがる橋を歩いてわたりながら、景色に感動しちゃった。見わたすと、いろんな橋がいっぱいある。ひとつひとつの橋が、どれも特別な感じがする。背が高い橋、大きな橋、それに、車が走れる橋もある。あ、でも、それ以外の橋は小さくて、歩行者専用だよ。ダブリンで一番有名なグラフトン通りも歩いた。川沿いを歩き、角を曲がり、ＥＰＩＣアイルランド移民博物館へ向かった。

まるで、ガチョウが列をなして飛んでいくように、わたしたちもぴったりくっついて行動した。ガラス張りの博物館に入ると、みんな「ミュージアム・パスポート」をもらった。この小冊子には、博物館のマップがのっていて、展示物がどこにあるかがわかるようになっている。展示を見たらパスポートにスタンプをおしていくんだ。館内へ進んでいく。アイルランドの歴史に関する情報が盛りだくさんだったけれど、全部は理解できなかった。壁《かべ》に映像が映し出される。裁判所の歴史や飢饉《ききん》、戦争、国民の祝日、それに、アイルランドの食べ物やダンスについても学んだ。いくつか、ダンスのふりつけをやってみたよ。自《じ》慢《まん》じゃないけど、本当にかなりうまくできたはず！

博物館を出たあとは、トリニティ・カレッジへ向かった。歩きながら、どの通りも、どのお店も、全部がすっごくかわいくてびっくりした。みんなでトリニティ・カレッジ図書館に入って、古くから伝わる「ケルズの書」(*35)を見た。1200年前にラテン語で書かれた巨大《きょだい》な本だ。写真はとっちゃダメなんだって。それから、階段をいくつか上って、とても長細い図書館に入った。2階建てになっていて、本がびっしり。ここには、プーシキン(*36)の詩集がいくつかあるはずだよ(作家の名前を思い出そうとしたら、なぜかプーシキンの名前がぱっと浮《う》かんじゃった!)。だれかがスマホで『ハリー・ポッター』のテーマ曲を流したものだから、あっという間にホグワーツにいる気分になっちゃったよ。

電車で帰る途中《とちゅう》で、ロンドンを走っているような、きれいなバスを見た。いや、ロンドンのよりもっと色あざやかかも。ようやく家に帰ったとき、くたくたにつかれ果てていて片足を一歩前に出すのもやっと、っていう状態だった。バディがわたしの上に寄りかかってくるのを感じながら、ねむりについた。幸せな気持ちをかみしめながら、深いねむりに落ちていった。

(*35)ダブリン大学トリニティ・カレッジ図書館が所蔵する、『新約聖書』のなかの四福音書をふくめた彩飾《さいしょく》写本(象徴《しょうちょう》となるものをさまざまな装飾《そうしょく》をこらして書き写したもの)。
(*36)アレクサンドル・プーシキン。ロシアの詩人・作家。

21日目

ダブリンでの生活は楽しい。けれど、今日は悲しくてたまらなかった。家が、友達が、学校が恋《こい》しい。

キャサリンさんが、勤め先の学校に連れていってくれた。悲しみはしだいにうすれて、わたしは、学校の女の子たちと一緒《いっしょ》に、アイリッシュ・ダンスにもう一度挑戦《ちょうせん》した。授業は楽しかったよ。遊び時間には、緑あふれる中庭に出た。図書室で英語の本を読もうとしたけれど、けっこう難しくてあまり理解できず、翻訳《ほんやく》アプリを使わなきゃならなかった。英語力にみがきをかけなきゃ。不安はそれほど大きくないけれど、勉強しようっと。

ダブリンではすてきな1日を過ごしたけれど、ハルキウやドネックではおぞましい1日だった。

ハルキウの母校のとなりに、大きなショッピングセンターがあった。でも、今はもう跡《あと》形《かた》もない。そう、めちゃめちゃにこわされたんだ。ロシア軍は、今なお生き残っている人たちを化学兵器で攻撃《こうげき》しようとしている、ってうわさもある。もうこの時点で、ウクライナ人に対するジェノサイド（大量虐殺《ぎゃくさつ》）じゃないの！

ウクライナには、スヴャトヒルシク(＊37)っていう有名な都市がある。そこには、美しい修道院があるんだ。ちょうど去年の夏、不安なんて何ひとつなく、楽しい毎日を過ごしていたそのころ、わたしはその修道院へ出かけた。そこが今日、爆撃《ばくげき》された。粉々になったんだ。

（＊37）ウクライナ東部ドネツク州の街。生神女《しょうしんじょ》就寝《しゅうしん》スヴャトヒルシク大修道院が有名。

22日目

今日は、わたしたちの仲間である『チャンネル４ニュース』のみんなが、ダブリンにやってくるんだ。聖パトリックの祝日だからね。めっちゃうれしい！　パレードを見にいく予定なんだけど、そこでは緑のものを身につけてなきゃいけないんだって。

キャサリンさんとわたしは、緑色の砂糖衣をかけたカップケーキを作るつもり。フロスティング・ミックスを試食したら、歯が緑になっちゃった！　もう一回、歯みがきをしようかと考えているうちに、５分くらいが過ぎて、まだなやんでいたそのとき、玄関《げんかん》のベルが鳴ったから、ほんとにあわてちゃった。さっと歯をみがいて、白い歯が復活。よかった！　廊下《ろうか》に出ると、パライックさんと番組メンバーがいた。ハグであいさつ。会いたかったよ。

パレードの会場に着くと、記者さんたちが撮影《さつえい》を始めた。わたしは、もっとよく見たくて、小さな人だかりをすりぬけた。いろんな人たちがたくさんいる。兵士にミュージシャン、曲芸師……ぱっと思いついた職業の人が、みんなそこにいるって感じ。アイルランドの歴史や民話の登場人物になりきる人もいたけれど、だれを演じているのか、まだわからなかったな……。次に角を曲がってやってくるのはどんな人なのか、ワクワク、ドキドキしながら見物したよ。

パレードがほぼ終わり、帰り支度をしているときに、パライックさんの姿がどこにも見当たらなくなった。なので、みんなで探し回った。市街地の半分は探したんじゃない？と思ったころになって、ようやく見つかったんだ。

そのとき、ウクライナの国旗に身を包んだカップルを見かけた。思わず声をかけちゃった。ふたりは、数日前にダブリンに着いたばかりなんだそうだ。

わたしが何よりも知りたかったのは、「ウクライナにいたとき、飛行機がいっぱい飛んでいたのを見た？　おぞましい爆音《ばくおん》をどうやってやり過ごしたの？」ってことだった。

ふたりは、「ロシアが攻《せ》めてきた初日に、走っていたら頭の上を飛行機が飛んでいったのを見た。そのあと、行き先をダブリンに決めるまで、国から国へ、5カ所を転々としたな」と教えてくれた。

それほど長くしゃべったわけじゃないけれど、良いことも悪いこともひっくるめて、すべてを思い出した。悲しくて苦しい。涙《なみだ》があふれてきた。わが家が爆撃《ばくげき》されませんように、っていのりながら泣いたなあ。ハルキウのこと、そして、かつてハルキウにあったけれど、今はもうめちゃくちゃにこわされた大事なもののことを考えた。

タクシーで家に帰る途中《とちゅう》、涙《なみだ》がこぼれた。

ダブリンで楽しく過ごした聖パトリックの祝日。

2022年3月18日

12歳《さい》のウクライナの少女イエバは、
ロシアの侵攻《しんこう》により、
国外への避難《ひなん》を余儀《よぎ》なくされた
数百万人のうちのひとりだ。
避難《ひなん》しながら、毎日、
日記をつけ続けてきたイエバの旅は、
アイルランドで無事に
終わりをむかえた。

――――『チャンネル4ニュース』Twitter（現X）より

23日目

今日は動物園にお出かけ。ワクワクがおさえられない。ダブリンの動物園ってどんな感じなのか、見たくてたまらなかったんだ。

車を走らせて大きな公園へ。緑でうめつくされた敷地《しきち》には、小さなしげみがいくつもある。車を降りて、芝生《しばふ》の上を走り回りたかったな。すごく広いから、すみずみまで探検していたら丸一日かかりそう。わたしは行かなかったけれど、アイルランドの大統領の家が(＊38)この敷地《しきち》のどこかにあるんだって。

公園はすばらしかったけれど、おもしろい場所はまだまだたくさんあった。動物園はほんとにすごかったんだ！　キツネザルは木々の間をはねまわっていて、動物園暮らしをまったく感じさせないふるまいだった。毛の色は、赤やグレー、黒などさまざま。トラは、木陰《こかげ》にかくれてもったいぶっているから、お客さんの前に出てくるのを待つしかなかった。その一方で、ライオンたちは太陽が照りつけるなか、とてものんきにひなたぼっこをしていたよ。アシカは水面から頭を出しては、またもぐっていく。7頭のキリンは、身を寄せ合って、われ先にと葉っぱに食らいついていた。ゴリラたちは島みたいな岩の上に集まって、何やら話しこんでいるみたいに見える。ゾウのオリに向かっている途中《とちゅう》に、竹やぶで迷子になりかけた。サイは、信じられないくらい体がでっかかったよ。

半分くらい進んだところで、めちゃくちゃきれいな場所に出た。人工の滝《たき》に日差しが反射して、キラキラかがやいている。湖を取り囲む小さなジャングルでは、サルが木から木へ飛びはねていた。わたしたちは、小さな橋をわたって湖をこえ、小さな島へと進んでいった。橋の手すりをひょいっとこえて、サルたちがいる岩の島で遊びたかったけれど、すっかりつかれ果てていたから、あきらめた。もし「やってもいいよ」って言われたとしても無理だっただろうな！　だんだん歩くのがつらくなってきた。動物園を満喫《まんきつ》してきたけれど、もはやエネルギー切れ。時間が足りなくて全部は見られなかったものの、目にしたものはどれもこれも、すごいものだらけだった。

日がたつにつれて、ダブリンのおもしろさがどんどんわかってきた。毎日、おどろきの連続だ。

（＊38）ダブリンのフェニックス・パークはヨーロッパ最大級の規模をほこる都市公園で、その中にアイルランドの大統領官邸《かんてい》がある。

25日目

今日の日記は、まだウクライナにいる友達や親族のために書こうと思う。わたしたちが仲良くしていたマルファさんは、ハルキウの今の状態を話すのは胸が痛む、って。苦しそうだな。

マルファさんいわく、病院のとなりにあるアパートの何棟《とう》かが燃えたそうだ。また、この地域で暖房《だんぼう》エネルギーを供給する施設《しせつ》は、完全に崩壊《ほうかい》したらしい。

おばあちゃんの友達のアンジェラさんは、うちの近所にある幼稚園《ようちえん》を動画にとって送ってくれた――爆撃《ばくげき》を受けている映像だ。中にはだれもいなかっただろうけど、うちのアパート自体は無事であってほしい。

おとなりさんは、母親と一緒《いっしょ》にドイツに逃《に》げたそうだ。おばあちゃんの友達のネリアさんは、息子と一緒《いっしょ》にポーランドへ逃《に》げた。ズィナおばあちゃんとヨシップおじいちゃんは、今もハルキウのハハリナ通りの地下室にこもっている。おじさんとおばさんは、わたしのいとこにあたるふたりの子どもを連れてポルタヴァに避難《ひなん》したらしい。

モトローナさんに電話をかけた。彼女《かのじょ》は葬儀場《そうぎじょう》で働いている。砲撃《ほうげき》が始まったとき、葬《そう》儀《ぎ》のまっ最中だったそうだ。今も、身の危険を感じているという。

ここ数日は観光ざんまい。今日はマラハイド城と美しいビーチに出かけた。途中《とちゅう》で公園にも立ち寄った。いろんな色合いが混ざり合って生まれた青空が広がっていて、その上に白い雲がぺたっと横たわっている。まるで、絵のようだ。緑の芝生《しばふ》はすっかり切りそろえられている。すごくすてきだから、今すぐこの芝生《しばふ》の上を走り回りたくてたまらなくなった。ここは、すみずみまで自由な雰囲気《ふんいき》でいっぱいだ。

車をとめて、背の高い松林を目指した。そこから、お城へ進んでいく。遠くに、塔《とう》のひとつがちらっと見えた。中世の時代のものらしい。角を曲がると、堂々たるたたずまいのマラハイド城が姿《すがた》を現した。城の一部は12世紀に建てられたそうだけど、今でもその美しさは健在だ。ふり返ると、広々とした空間がある。わたしは、バディのリードをしっかりとにぎりしめて走った。あらら、バディはついてくるのに必死になるあまり、何度もつまずいている。芝生《しばふ》の上に横たわって、バディに腕《うで》を回す。わたし、自由なんだなあ。

このあとは、ポートマーノック・ビーチってところに連れてってくれるんだって。ゲイリーさんは、そのすぐそばで子ども時代を過ごしたそうだ。

ポートマーノック・ビーチは、空をそっくり映したような色の海が広がっていて、砂洲《さす》がはるか遠くまで続いている。そこを散歩している人たちは、まるで空の上を歩いているみたいに見えるんだよ。

石段をいくつか降りた。潮が引いている。せまい岩場に太陽の光が反射して、氷に包まれているみたいに見える。

日が暮れると、息をのむほど美しい空が広がっていた。岩に波がうちつけられる。海からの風がそよいでいる。冒険《ぼうけん》をしたくなって、岩に登ってみた。岩ってすべりやすいんだよね。ちょうど得意げに登っていたとき、おばあちゃんに呼ばれた。「写真をとるから降りてきて」だって。ああ、残念だな。だって、せっかく難関をいっぱい乗りこえて岩によじ登ったのに、すべてが水のあわになっちゃったよ。わたしは、壮大《そうだい》な水平線をながめた。水の青、そして、ピンクがかった紫《むらさき》と、青みがかった白がいろどる空。最高にきれいだなあ。ずっと見ていても飽《あ》きないけれど、そろそろ帰らなくちゃ。

ここはすべてがすばらしくて、美しいものばかり。でも、今のウクライナはちがう。毎晩寝《ね》る前に、おばあちゃんとわたしはウクライナやハルキウのニュースを見る。砲撃《ほうげき》は止まらない。グラートやミサイルを見ると、絶望感しかわいてこない。わたしの親族は、ひっそりと避難所《ひなんじょ》で過ごしている。そのことを思うと、恐怖《きょうふ》がよみがえり、ふるえがくる。

アイリッシュ海とわたし。

26日目

イエバ
ウクライナにいる?
20:17

エウヘン
うん
20:17

フィリモン
わたしも
20:17

エウヘン
国境のそばだよ
20:17

フィリモン
わたしはチェルカースィだよ
20:18

イエバ
わたし、ウクライナを出たんだ
20:28

イエバ
戦地からはうんとはなれたよ
20:28

フィリモン
もう、もどってこないの?
20:32

イエバ
ここ、すごくいいところだよ
20:32

フィリモン
どこ?
20:33

イエバ
遠くの国だよ
20:33

28日目

戦争が始まってから、今日で1カ月。戦争のせいで、友達や家族、だれもかれもがめちゃくちゃ苦しめられてきた。すでにどれだけの命がうばわれただろうか。そのうえ、もっとうばおうというのか。明日、いや、1時間後、ううん、1分後の未来さえ、だれにもわからないのだ……。

戦争ってどういうものなのか、知っている人は少なければ少ないほどいいんだ。戦争以上に最悪なものなんてないのだから、知らないほうが世界はもっと幸せになるはずだ。

わたしの祖国で、育った街で起きていることを見ていて、毎日、心はズタズタに引きさかれている。戦争を乗りこえ、生き延びられたとしても、戦争前と同じ日常は絶対にもどってこない。戦争が終わらない限り、また自分の人生を楽しんだり、ゆかいな気分で日々を過ごしたりすることは無理だろう。

戦争を経験した人は、砲撃《ほうげき》やミサイルの音で目覚める苦しみを知っているし、今後も忘れることはないだろう。毎日、どんな思いでわが家の無事をいのっているか、ということも。今日は自宅にミサイルをうちこまれずにすんだけれど、明日はわからないのだ。

爆撃《ばくげき》を受けた住居が、毎日増えている。

「なんで戦争なんかするの？　こんなにぐちゃぐちゃにして、だれが元通りにするの？　元通りになるまで、どれくらいの時間がかかると思っているの？　戦争を始めなきゃならなかった理由って何？」

そう声をあげることが、だんだんつらくなってきた。わたしたちは、おだやかに仲良く暮らしていたのに！

何よりも苦しくてたまらないのは、罪のない一般《いっぱん》市民や子どもたちがたくさん犠牲《ぎせい》になっていることだ。ロシア軍は、ウクライナの街をこの世から消し去ろうとして、容赦《ようしゃ》なく爆弾《ばくだん》を落とし続けている。

爆撃《ばくげき》を受けたわが家。ハルキウを思うと、悲しみがこみあげてくる。

33日目

記者のみなさんが、仕事で他のニュースに取り組む時期がきた。

『チャンネル4ニュース』のメンバーから届いたメールには、「当分の間、連絡《れんらく》することはないと思う」と書かれていた。特定の人物を話題に取り上げることもあれば、それ以外の大事な仕事もしなくてはならないこともある、ということだ。わたしたちが今、安全な国にいることは、『チャンネル4ニュース』のみなさんにとっても安心だと思う。今は別の問題に集中しなきゃいけない、という状況《じょうきょう》を、だれもが簡単には受け入れられるとは限らない。だって、取材中に出会った人をほったらかしにして、別のところに行っちゃうんだ、っていう見方もできるから。

でも、それはまったくの思いちがいだ。みんなは、わたしたちのことを絶対に忘れたりしないはず。それは、わたしたちも同じだ。いつまでもみんなと仲良くできたらいいな……。そう思いながら、英語で手紙を書いて、送った。

親愛なるパライックさん、『チャンネル4ニュース』チームのみなさんへ

みなさんは、これまでに出会った人たちのだれよりも親切にしてくれました。わたしたちの人生を、よりすてきな方向へ導いてくださったんです。みなさんに出会っていなければ、どうなっていたかわかりません。戦争の日々から救い出し、命を守ってくれました。人は、たとえ同じ状況《じょうきょう》にいたとしても、みなさんのようにすばらしい行動を起こす人はまりいないでしょう。わたしたちが今、かかえている問題も、解決してすべてうまくいくと信じています。また、本の出版を支援《しえん》してくれる、優秀《ゆうしゅう》なエージェントを探してくれて、ありがとうございます。おそらく、近いうちにエージェントの女性に会い、わたしの書いた日記が出版できる日がくるでしょう(みなさんに会う前は、こんなことが起こるなんて、夢にも思っていませんでした)。

わたしたちは、(たとえひんぱんに連絡《れんらく》をとり合わなかったとしても)これからもずっと、友達でいられたらいいなと願っています。いつかまた、会える日を心待ちにしています。

みなさんに、たくさんの幸運が訪れますように。わたしたちのためにしてくれたすべてのことに、「ありがとう」って言ってもまだ言い足りないです。

イエバとイリナより

爆弾《ばくだん》でできた穴に引っかかったロケット弾《だん》。パライックさんがハルキウのわが家のそばで撮影《さつえい》し、送ってくれた写真。

34日目

旅をするってどういうことなのか、考えがすっかり変わるような体験をした。今日、ヤシの木を見ていたら、ひいおばあちゃんが住んでいるソチ（＊39）に、数秒間だけパッと瞬間移動《しゅんかんいどう》した気分になったんだ。ふと、いつもとはちがう感覚になった。実際にソチに移動したというより、わたしがいるこの場にちょこっとソチがある、っていう感じ。前は夏休みの間じゅう、ソチの海で水遊びをして過ごしていたな。でも、今のロシアとウクライナは戦争でまっぷたつに分かれている。悲しすぎるよ。身内がみんなばらばらになっちゃったんだ、って思うと胸が痛む。こんなひどいこと、ひとつ残らず終わって、ロシアとウクライナが平和な関係を結べますように。そう心から望んでいる。ひいおばあちゃんに、会いに行きたいよ。

それから、曲がりくねった道を進み続けて、ホウス岬《みさき》のてっぺんまで来た。車を降りると、目の前に美しい海の景色が広がっていた。細い道を下っていくと、海岸の一番端《はし》っこに灯台が見えた。断崖《だんがい》に立っていて、波がしつこくうちつけている。競い合うようにしぶきをあげて、勝ちほこったように岩にぶつかっていた。灯台は、静かに船を見守るようにたたずんでいる。船は、次から次へと通り過ぎていく。雲ひとつない、よく晴れた空だ。ここからまっすぐボートをこぎ出せば、ウェールズまで行けるんだね。波打ち際にいると、海には終わりがないように思えた。水平線は、果てしなく続いている。温まった小さな岩の上に腰《こし》を下ろし、景色をながめる……ああ、とっても悲しいよ……。

（＊39）ロシア西部、黒海に面した海辺の都市。２０１４年には冬季オリンピック・パラリンピックが開催《かいさい》された。

37日目

今日から正式に、キャサリンさんが働いている学校に通い始めた。ドキドキしたよ。目が覚めたら、すぐに新しい青緑色の制服を着た。車に乗りこみ、ダブリンをあちこちめぐりながら学校に向かった。道路は渋滞《じゅうたい》していたけれど、車で橋をわたりながら、自分もこのダブリンの一員になれるんだと思うとワクワクした。小型車は、それぞれの目的地へと進んでいく。そう、巣箱の中にいるミツバチみたいにね。太陽はみんなに、さあ、起きてって呼びかけている。この街は、イキイキしている。

学校の始業時間は8時30分。よかった、間に合った! 新しいクラスメートが温かくむかえ入れてくれたし、みんな、とっても親しみやすそうな雰囲気《ふんいき》だった。どの授業もまじめに受けたよ。翻訳《ほんやく》アプリから目をはなさずにね。ウクライナの学校で学んできたことからいったんはなれて、アイルランドのカリキュラムを新たに学ばなきゃならないんだ。しかも、すべてウクライナ語以外の言葉でね。ここは女子校なんだけど、友達も何人かできた。あれもこれも、すべてが刺激的《しげきてき》。そして、すべて英語だ。新しい先生たち。緑でいっぱいのテニスコート。ここには、わたしが演奏してもいいグランドピアノがある。めちゃ

新しい制服姿のわたし。

くちゃでっかい図書室。しかも校庭はきれいに整備されている。もう、言うことなしだよ！

新しい友達も、先生も、みんなすてきな人だ。でも、昔の友達も恋《こい》しいな。戦争のせいで、わたしたちはみんな、世界中に散らばるしかなくなってしまった。

毎日、ハルキウから避難《ひなん》する人たちがあとを絶たない。わたしたちの友達、マルファさんもそのひとりだ。戦争が始まって以来、マルファさんは、家族とともに地下室を転々としなきゃならなかった。スズでできた兵隊(*40)みたいに、家をはなれたくなくて、できるだけしがみついてねばった。毎日、「こんなの、全部早く終わらないかな」と思っていたという。でも、一瞬《いっしゅん》ですべてが変わってしまった。居場所のすぐ近くにミサイルが命中し、子どもが亡くなり、あたり一帯に死体が散乱したのだ。もう逃《に》げなきゃ、ってことはマルファさんもわかっている。今は、7人という大家族がハルキウからドニプロへ避難《ひなん》するのに手を貸してくれるボランティア団体を探しているところだという。

わたしは「難民」という言葉にたえられない。絶対に無理。おばあちゃんが、自分たちのことを「難民」って言い始めたとき、すぐにやめて、ってたのんだ。内心、はずかしくなったんだ。その理由が、ようやくわかった。難民には、家がないからだ。それを受け入れるのが、はずかしかったからだ……。アパートから地下室へ避難《ひなん》して以来、ずっとたえられなかった。いつの日か、また自分たちの家をもつこと。それがわたしの夢だ。

(＊40) アンデルセン童話『しっかり者のスズの兵隊』のこと。つらい状況《じょうきょう》に直面しても平気な顔をしているスズでできた兵隊の物語。

61日目

戦争が始まってからまる2カ月近くがたち、事態はようやく少し落ち着いてきた！　この2カ月の間に、うちのアパートは2カ所から爆撃《ばくげき》を受け、窓ガラスはこっぱみじんになり、ドアはふき飛ばされたものの、今なおたおれずに持ちこたえていた。最悪だと思ったのは、ウクライナ正教会のイースター(＊41)を祝っている最中にも、砲撃《ほうげき》が続いたことだ。なんて、はじ知らずなんだ！　こんなの、ひどすぎてたえられないよ！

ハルキウのアパートに置きっぱなしになっている荷物を、そろそろ運び出さなきゃ、ということに気づいて、あの危険なアパートから荷物を運び出してくれる人を探した。

ようやく、手を貸してくれる人が見つかり、おばあちゃんが電話番号を教えてもらってきた。トロフィムさんという人だ。「依頼《いらい》があればなんでも運びますよ。シャンデリアだって大丈夫《だいじょうぶ》ですよ」と言われた。その人は、すでに店や車、アパートをまるごと引きはらっていた。わたしたちは、どこから荷物を運び出し、どこへ持っていくかを伝えるだけでよくて、トロフィムさんは（爆撃《ばくげき》がそれほどひどくなければ）朝一番にうちのアパートへ行って、できる限りのものを持ってきてくれることになった。

アパートから避難《ひなん》したとき、おじいちゃんから新年のお祝いのプレゼント[＊42]にもらった油絵の具や、お気に入りの服、それにわたしが一番大切にしているピンクのかわいい猫《ねこ》のぬいぐるみ、チュパペリャを置いて出てきちゃったんだ！

おばあちゃんは、アパートの部屋から運び出してほしいものと、それらが家のどこにあるかをすべてリストに書き出していた。リストのなかに、油絵の具も入れてくれたけれど、「チュパペリャが見つかればもう十分だね」って言われた。悲しくなったけれど、とにかくチュパペリャを救い出して、他の荷物と一緒《いっしょ》におばあちゃんの友達のところへ連れていってもらいたいなぁ。明日の朝、早くに、トロフィムさんにわたしたちの荷物を取りにいってもらうことで話がまとまった。

そうしている間にも、トロフィムさんは今日、わたしたちの友達の車を探しに出かけた。車がまだ大丈夫《だいじょうぶ》な状態かどうか、ぬすまれていないかを確認するためだ。しかも、うちのアパートと友達のアパートも確認するために、両方のアパートに立ち寄った。

トロフィムさんは、最初に友達の車を確認した。置きっぱなしになっていたそうだ。窓ガラスは爆風《ばくふう》でくだけ散り、ドアとトランクは少しこわれていた。車体の前の部分とボンネットは無事なので、運転できなくはない。バッテリーがぬすまれていなければ運転できたのにね、って話だった。

次に、わたしたちのアパートに行った。スマホでとった写真を画面で見ただけでも痛々しい。彼《かれ》は玄関《げんかん》のドアを固定していたテープをちぎり、ドアを持ち上げた。中に入ると、前にも日記に書いたように、廊下《ろうか》はがれきの山にうもれて、高かったドイツ製の冷蔵庫は床《ゆか》にたおれ、壁《かべ》はくずれ落ちていた。

玄関《げんかん》のドアのわきにあった洋服ダンスはふき飛ばされてバラバラ。洋服もあっちこっちに飛んでいる。寝室《しんしつ》の窓ガラスは割れ、窓辺に置いていた植木鉢《ばち》はふり落とされていた。ベッドに横たわっていたのは……わたしのチュパペリャだ！　いくつもの奇跡《きせき》が重なって、チュパペリャは助かったんだ。リビングのテレビもこわれていた。廊下《ろうか》に向けて置いていたソファも（かなりひどく）はじき飛ばされていた。だけど、廊下《ろうか》のすぐそばにあったアームチェアは無傷ですんだんだよ。リビングは、ぶあついほこりをかぶっていた。

ウクライナ時間の午前6時30分に、トロフィムさんはわたしたちの荷物を運び出すために、アパートへ行く予定だ。時差でウクライナはダブリンより2時間先に進んでいるから、おばあちゃんの目覚ましを午前4時30分にセットして、ふたりでねむった。

がれきの山になったアパートの中。ここは廊《ろう》下《か》で、床《ゆか》にたおれているのは高かったドイツ製の冷蔵庫。避難《ひなん》から2カ月後、トロフィムさんがわたしたちのアパートに入ると冷蔵庫の下から不発弾《ふはつだん》を発見。命がけで走って出てきたそうだ。無事でよかった。

自宅アパートの入り口に
残っていたもの。

午前7時30分：学校に行く準備をしていると、おばあちゃんがいい知らせをもってきた。トロフィムさんは、わたしたちがアパートに残してきたものをすべて運び出したって。廊《ろう》下《か》に設置していた2メートルあるシャンデリアも、天井から切りはなしてなんとか確保し、すべてを友達のモトローナさんに預けてくれた。何よりも重要なのは、わたしの油絵の具も、チュパペリヤも運び出してくれたこと。これでもう、チュパペリャは危険にさらされることなく、モトローナさんの家にいられるんだね！

うれしくてたまらない。トロフィムさんには、恩返しをしても絶対に足りないし、言葉では言い表せないほど感謝している。ああ、肩《かた》の荷が下りたよ……。

（＊41）イースター（復活祭）は春の時期に行われるキリスト教のお祭り。家族で集まってお祝いの食事を楽しむのが通例。

（＊42）旧ソ連は神の存在を信じない無神論国家であった名残で、クリスマスではなく新年が冬のお祝い行事だった。今は正教会とカトリック教会ではクリスマスのお祝いをするものの、プレゼント交換《こうかん》は新年に行われる。

67日目

家を借りられることになったよ！　ダブリン南部の、新しい学校のそばにある小さな家。借り物だから自分たちの持ち物ってわけじゃないけれど、そんなの気にならない。

おばあちゃんとふたりで、家を見にいった。庭があって、居心地がよさそうなこぢんまりとした家だ。新しい学校まで歩いてほんの5分、っていうのが最高。リンダさん、そしてジュリエットさんというふたりの親切な女性に出むかえてもらった。家の中も案内してくれたよ。花に囲まれた家だった。

ハルキウのやや北東にあるボルチャンスクって街に、うちのダーチャ(＊43)がある。大きくてすてきな家なんだ。果物の木がたくさん植えてあって、花もいっぱい咲《さ》いている。家のそばを流れるのはセーヴェルスキー・ドネツ川だ。靴《くつ》をぬいで、水中に咲《さ》いているまっ白なスイレンの間を泳ぐのが大好きだった。夜には、おばあちゃんと大きな暖炉《だんろ》のそばに座って、お茶をよく飲んだなぁ。秋には、背の高い松やオークの並ぶ森を散歩して、キノコを採った。バターマッシュルームにペニーバン（ポルチーニ）、ニセイロガワリ、それにアンズタケ……いろんな種類があったんだよ！

すてきなものに囲まれた場所だったけれど、今、そこはロシア軍が占拠《せんきょ》している。悲しくてたまらない。

でも、おばあちゃんもわたしも、新しい家を探すのを手伝ってくれた親切なアイルランドの人たちに、感謝の気持ちでいっぱいだ。

（＊43）旧ソ連諸国でよく見られるセカンドハウスのこと。夏休みなどに利用されることが多い。

あとがき

　ここまでで、日記はいったんおしまい。この戦争があと何日、あと何カ月、いや、あと何年続くのかはわからないけどね。この先、どれだけの命がうばわれ、どれだけの心の傷が生まれ、どれだけの犠牲者《ぎせいしゃ》が出るのか――またはすでにどれほどたくさんの犠牲《ぎせい》がはらわれているのか――はわからない。今日にいたるまで、ハルキウには苦しみ続けている人たちがいて、その人たちが生き続けたいという強い心と意志をもっていることに、ハッとさせられる。この戦争が始まってから、わたしは、自分の命を心から大事にして生きていくことを学んだ。遅《おそ》かれ早かれ、だれもがその教訓を学ぶはずだ。


　戦争が始まった日の夢を何度も見た。

　夢のなかで、わたしは安全な場所に避難《ひなん》しようとしていて、涙《なみだ》を流しながら、クラスメートに「もう二度と会えないと思う」と告げている。

　一瞬《いっしゅん》の間に恐怖《きょうふ》を味わったかと思いきや、人生がひっくり返って、思いもよらぬ方向に進んでいった。戦争が始まる前は、毎日の生活のなかで何かしらの問題が起きることはあったけれど、それでもよかった。クラスメートと走って登校していたなぁ。年上の男の子にかわいい子だと思われたくてがんばったこともあった。何もかも、ごく当たり前の日常だった。誕生日パーティーでは、夢中でボウリングをしてヘトヘトになっていたな。でも、いきなり戦争が始まって、何度も地下室にかくれなきゃいけなくなって、心も体ももうぐったり。戦争のせいで、毎日こわい思いばかりさせられるのは、本当につらい。

　たぶん、何年もたてば、もう一度クラスメートや親せきのみんなに会える日がくるだろう。でも今は、気持ちを切り替《か》えて、新しい友達をつくって、新しいクラスメートと毎日、顔を合わせている。何よりも大事だから、あなたにぜひ伝えたいことがある。それは、ただ神様を強く信じていれば、奇跡《きせき》はきっと起こるんだってことだ。

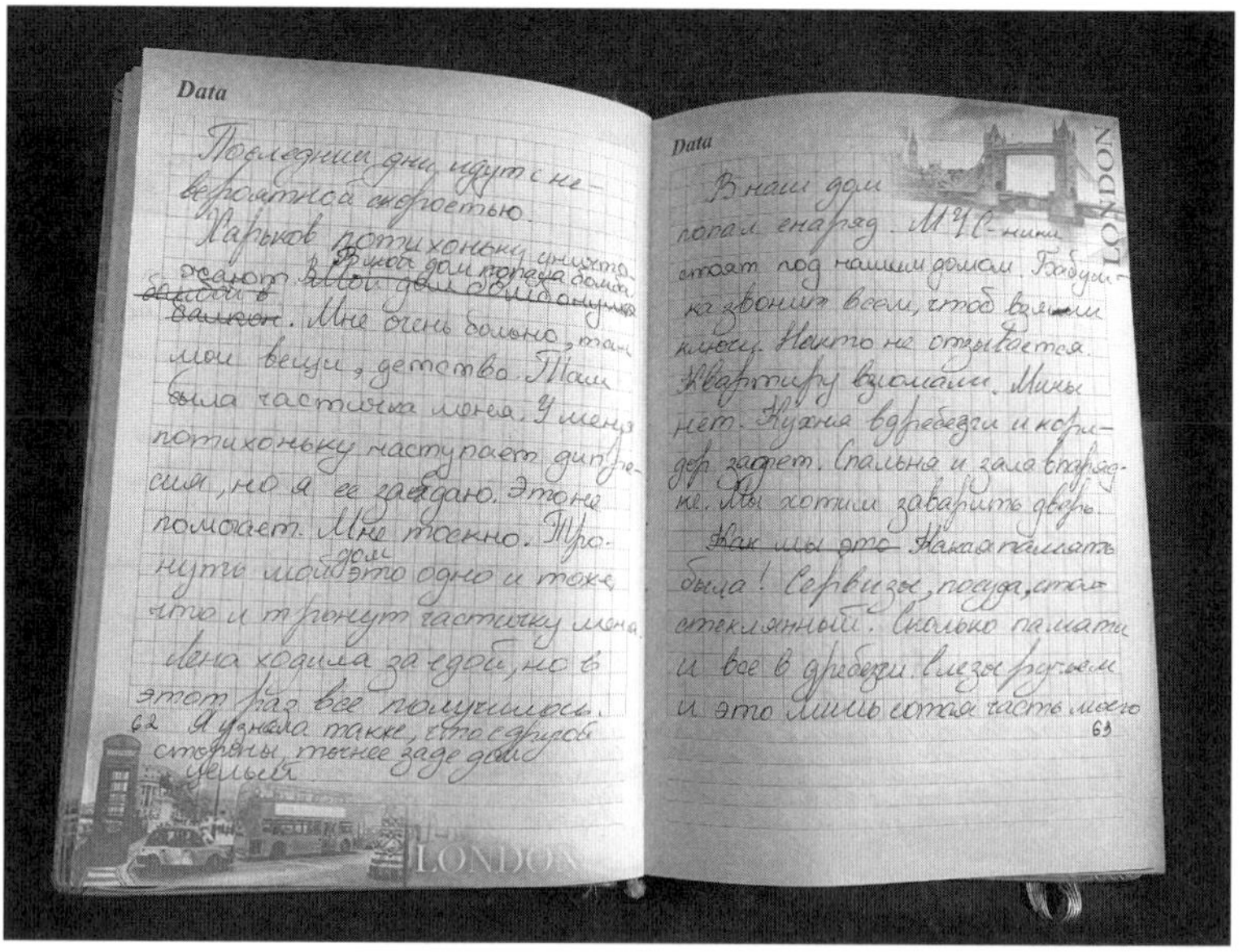
Data
Последнии дни идут с не-
вероятной скоростью.
Харьков потихоньку уничто-
жают. В мой дом попала бомба
Мой дом бомбанули
балкон. Мне очень больно, там
мои вещи, детство. Там
была частичка меня. У меня
потихоньку наступает дипре-
сия, но я ее заедаю. Это не
помогает. Мне тоскно. Тро-
нуть мой дом это одно и тоже,
что и тронут частичку меня.
Мама ходила за едой, но в
этот раз все получилось.
62
Я узнала также, что с другой
стороны точнее заде дом
уцелел
LONDON
Data
В наш дом
попал снаряд. МЧС-ники
стоят под нашим домом. Бабуш-
ка звонит всем, чтоб взяли
ключи. Никто не отзывается.
Квартиру взломали. Мины
нет. Кухня вдребезги и кори-
дор задет. Спальня и зала в поряд-
ке. Мы хотим заварить двери.
Как мы это Какая память
была! Сервизы, посуда, стол
стеклянный. Сколько памяти
и все в дребезги. Слезы ручьем
и это лишь сотая часть моего
63
LONDON

友人たちのその後

戦争が始まって、わたしと友人たちは全然ちがう道を進まなければいけなくなった。それぞれがまったく異なる状況《じょうきょう》に置かれ、おたがいに支えてほしいと感じる瞬間《しゅんかん》も何度も経験した。戦争の初日にハルキウをはなれた子、ギリギリまでねばった子、そして今もハルキウに残っている子だっている。わたしが友達のことを本に書こうとしたら、喜んで手を挙げてくれたんだ。ここでは、4人の友達に、これまでの体験談を語ってもらい、これからかなえたい希望や、願いごとを書いてもらった。

フリスティーナの話

2022年2月24日、午前4時50分。わたしはこの日、この時間を、一生忘れないだろう。ママが恐怖《きょうふ》におびえるような目をして「みんな、起きなさい。着がえるのよ！　さあ、今すぐ！」と取り乱した声でくり返した。最初は聞こえなかったけれど、あとから爆発音《ばくはつおん》が聞こえてきて、その音が体中にひびいた。

午前8時、友達と会って、新しいことを学ぶために張り切って登校するのではなく、ママの職場（幼稚園《ようちえん》の先生をしているんだ）の地下室へと急いだ。

その日から13日間、その地下室で過ごした。

最初の3日間は、大人と子ども、それにおじいちゃん、おばあちゃんをふくめて70人が一緒《いっしょ》に暮らした。自力で立ち上がれないほど体が弱っている人も何人かいた。それに、犬が3匹《びき》、「ブシンカ」っていう猫《ねこ》が1匹《ぴき》。激しい砲撃《ほうげき》や大きな爆発《ばくはつ》が起こるたびに、動物たちは山になっている毛布の下にかくれていた。

朝は早起きして、家に帰った。体を洗って、料理をしなきゃならなかったからね。それに、ただただ家にいたかったんだ。1秒1秒を惜《お》しむように過ごした。

でも、しばらくすると家に帰れなくなった。危険すぎて、地下室から出られなくなったんだ。明かりは消えるし、冷えこみがきつくなってきたし、家に帰れる人は帰っちゃったから、残った人はわずかだった。

これまでにないくらい、冗談《じょうだん》ぬきでこわくなったのは、ミサイルが近くのアパートのそばに命中し、衝撃《しょうげき》で窓がふき飛んだときだ。それまでの爆発《ばくはつ》はどこか遠いところだった。今は毎日、新たにアパートが焼け落ち、地下室でじっとたえる人の数は日に日に減っている。多くの人たちが地下室から出ていったけれど、理由は人それぞれで、自宅が全壊《ぜんかい》したからという人、地下室が寒すぎて子どもたちが体調を崩《くず》し始めたから、って人もいる。朝になると、ママとパパ、それにおじいちゃんがお店に行って、そこで見つけた食べ物を買ってきた。ひと切れのパンに砂糖をまぶして「キーウケーキだ(*44)」って言い聞かせて、紅茶と一緒《いっしょ》に食べた。

夜はしっかり服を着こんで、いつもは幼稚園《ようちえん》の昼寝《ひるね》用のマットレスを使って寝《ね》ていたけど、それでも寒さはハンパじゃなかった。地下室を出て外の新鮮《しんせん》な空気を吸いに行くのもこわかったよ。特にこわかったのは、外に出ていたら砲撃《ほうげき》が始まっちゃったとき。また地下室に降りていかなきゃならない。園舎の壁《かべ》には、爆弾《ばくだん》の破片がつけた跡《あと》が残っている。

13日目に、幼稚園《ようちえん》はミサイルによる爆撃《ばくげき》を受けた。

当時、地下室に残っていたのは、大人が12人、子どもが5人、89歳《さい》と93歳《さい》のお年寄りがふたりの合計19人で、高齢《こうれい》のふたりはいずれも歩行困難だった。このあたりはひっきりなしに砲撃《ほうげき》されていたから、ほとんどの人がこわがってここには来ていなかったけれど、パパが、ここから避難《ひなん》するのを手伝ってくれるボランティアを何人か見つけてきた。街の中心地へと車を走らせたけれど、そこも爆撃《ばくげき》が始まっていて、結局、戦争が始まって43日目に、ママはわたしときょうだいを連れてウクライナ西部へ逃《に》げた。

大好きなパパ、おばあちゃん、おじいちゃんは、ハルキウに残った。大切な親族とはなればなれになって、すごくさびしいし、3人とも大好きだよ、って言いたい。
わたしの一番の願いはこれ。平和でありますように！

オリハの話

それは、いつもと変わらない1日だった。下校してから宿題をしたり、友達とおしゃべりしたり、猫《ねこ》と遊んだりして過ごした。夜になるにつれて、耳が痛くなってきた。朝までに痛みが引かなかったら、明日は学校には行かなくていい、ってママと相談して決めた。だけど、次の日に登校しなかったのは、耳が痛いからじゃなかった。

午前5時のことだ。最初は、地震《じしん》とかんちがいするようなすごい音がして目が覚めた。ビクビクしていたら、両親の顔も恐怖《きょうふ》でゆがんでいた。これって爆発《ばくはつ》してるの？　って聞いたら、戦争が始まったんだ、って答えが返ってきた……。もう、ショックにうちのめされちゃったよ。飼っている猫《ねこ》のブシャが、わたしをなぐさめるみたいにとなりにきて座った。ブシャだって、こわくてたまらなかったはずなのにね。家族みんなでカバンにあれこれつめこんで、水筒《すいとう》も満タンにした。うろたえながらもテーブルにあるものをすべてかき集めてカバンに入れていったけれど、すべてを持ち出すのは無理だってわかった。

爆発音《ばくはつおん》はだんだん大きくなってきて、アパートの1階まで降りるころには、こわくてたまらなくなっていた。1階に降りたら、爆発音《ばくはつおん》はそれほどうるさくなくて、むしろ上にいるより安全な気分になった。スマホでゲームをしていると、盾《たて》の後ろにかくれているような気がした。爆発音《ばくはつおん》を耳に入れないようにしようとしたけれど、耳をつんざくような音だったんだよ。ただ、恐怖《きょうふ》にふるえながらも、絶えず、おたがいをはげまし合うようにしていた。

友達や家族からもらう電話やメールも、いい気分転換《てんかん》になった。わたしたちは、アパートの1階のロビーで過ごしていたけれど、落ち着いてきたら、自宅にもどって軽くご飯を食べたり、必要なものを取ってきたりした。次の日、買い物に出かけたんだけど、3時間も並ばなきゃならなかった。カゴいっぱいに食べ物を入れていたんだけど、また砲撃《ほうげき》が始まっちゃった。停電したので、全員がお店の地下室へかけ降りていった。いったん静かになったところで、あわてて家に帰ったよ。それ以来、そのお店は閉まったままだ。

日がたつにつれて、恐怖《きょうふ》感がどんどんふくらんでいく。かけ足で自宅アパートの部屋まで帰る回数は減っていった。こわくてたまらなかったからね。砲撃《ほうげき》と爆発《ばくはつ》がやまないまま6日間を過ごした。特に、飛行機が真上で旋回《せんかい》する音が聞こえたときは、背筋がこおりついた。マジでふるえたよ。1階のロビーでもう一晩過ごすことにたえきれなくて、廊下《ろうか》に出て寝《ね》るしかなかった。朝、荷物をまとめると、ブシャも連れてハルキウを飛び出した。翌日、自宅のアパートの棟《とう》に爆弾《ばくだん》が投下された。それでもやっぱり、いつかハルキウの家に帰りたいな。

コスチャの話

2月24日。あの日のことは、死ぬまで忘れない！　あの日は、自宅で過ごした最後の日だから！　戦争が始まった日だ。

爆発音《ばくはつおん》で目が覚めた。1回、2回……これで3回目……母さんも父さんも、目が覚めたものの、何が起きているのかわかっちゃいなかった。窓の外を見て、空と、環状線《かんじょうせん》沿いの建物が燃えているのを見て、ようやく最悪の出来事が起きているって理解したんだ。そう、戦争が始まったってね。

妹のタニアがわあわあ泣くものだから、母さんはタニアを落ち着かせるのに必死だった。ぼくだって、めちゃくちゃこわかったさ！　家族みんなが、こわくて体がカチカチになったんだから！　いったん服を着てから、次にやるべきことを決めようってことになった。どこへ逃《に》げるべきなんだ？　ぼくはただ爆発《ばくはつ》からできるだけ遠くへ行きたかった！

ハルキウの中心部まで車で向かった。ぼくのおばさんが、そこにある学校で働いているんだ。古いけど、大きくて美しい校舎は、昔、建築家のベケトフ(＊45)がみずから設計したものらしい。地下室には大勢が集まっていた。みんな不安で、わけもわからず、どうすればいいのか、これからどうなるのか、だれにもわからない。大人たちは、学校の体育館をぼくたち子ども用の避難《ひなん》部屋にして、座ったりねむったりできるように床《ゆか》にマットをしいていた。母さんたちが床《ゆか》を掃除《そうじ》したものの、まだかなりきたなかったし、ほこりまみれだったけどね。

その日の夜遅《おそ》く、近くの建物から避難《ひなん》してきた人たちと合流した。でも、それぞれがひとりぼっちで逃《に》げてきたわけじゃない。そう、ペットも一緒《いっしょ》。だから、犬や猫《ねこ》、ハムスターもいる避難《ひなん》生活になったんだ。こりゃもう、動物園だな！

地下室のベンチやいすの上でペットと一緒《いっしょ》に寝《ね》る人もいたけれど、ぼくたちは体育館でねむった。体育館は断然、安心できた。

ここにいても爆発音《ばくはつおん》は聞こえたし、心臓につきさすような爆音《ばくおん》もやまない。音を聞けば、その爆撃《ばくげき》が、身構えなきゃならないほど近くなのか、だいぶ遠くなのかがわかるようになってきた。6日目に、飛行機の音が聞こえたときには、マジでふるえた。身近なところで起こっているおそろしい出来事がだんだんひどくなっている。もうダメだと思った。

トイレや食事に行くために「子ども用防空壕《ぼうくうごう》」を出るときは、必ず、両親のどちらかが付きそった。

父さんも母さんも、ぼくたちを元気づけようと、いろんなゲームや遊びを考えてくれた。折り紙も教えてもらったな。だけど、大人たちががんばっていても、やっぱり泣いている子もいた。「また爆弾《ばくだん》がふってきた！」ってこわがっちゃって。そしたらみんなで、その子をなんとか落ち着かせようとした。戦争が始まってから知り合った人もいるのに、まるでひとつの大家族のように暮らした。おたがいを支え合って生きていたよ。

11日間、学校の地下室で過ごしたあと、両親とおばあちゃん、猫《ねこ》のギルバートと一緒《いっしょ》に車でハルキウを出た。車の窓から見えたのはくずれ落ちた建物ばかりで、がく然としたし、胸が苦しくなった。地下室で座っている人なんてここにはいない！ 次から次へと車がハルキウから出ていく様子を見て、ぼくはびっくりした。そのなかの1台に友達がいて、数分で追いついた。母さんたちは泣いていたよ！

今、ぼくがいるウクライナ中部は、まあまあ安全。だけど毎日、空襲《くうしゅう》警報が鳴ると、飛びはねてしまう。何事にも慣れるっていう人もいるけれど、これはさすがに無理だって！ こんなのに慣れるわけがない！

ハルキウの家に帰りたい！ 友達に会って、外で遊びたい！ 鳴りやまないサイレンや爆発音《ばくはつおん》が聞こえてきて、地下室にかくれなくてもすむようになってほしい！　学校にもどって、先生に会いたいよ！

そして何より、父さんと母さんの心からの笑顔を、もう一度ぼくは見たい。

アリョーナの話

2月24日の朝、そうぞうしい音に起こされた。これ、爆発音《ばくはつおん》じゃない？　ベッドから飛び起きて、両親の寝室《しんしつ》にかけこんだら、パパもママも起きていた。ふたりからは「かわいい娘《むすめ》よ、大丈夫《だいじょうぶ》だからね！」と言われただけだった。

ママはスーツケースに身の回りのものを放りこみ、パパは急いで家から一番近いガソリンスタンドへ行った。

電話だ。かけてきたのはお兄ちゃん。避難先《ひなんさき》を聞かれた。おばあちゃんの家へ行くことになった。うちを出る前になんとかテディベア——これはわが家のマスコットなんだ——をつかんだ。いったん外に出たら、聞こえてくるのは悲鳴だけで、道にたたずむ人たちはみな涙《なみだ》を流している。すぐに自分の家族に目を向けたら、気持ちがらくになった。

人数が多いので、2台の車に分かれて乗らなくちゃ。道路は渋滞《じゅうたい》していて、車はスイスイ進めない。でも、パパは近道を知っていたんだ。もう二度と、家には帰れないし、友達にも会えないのかな、と思うと不安でたまらなかった。

やっとおばあちゃんの家に到着《とうちゃく》！　車でほんの10分の距離《きょり》なのに、永遠と思えるくらい時間がかかった気がした。パパたちは地下室を片づけに、ママはおばさんとお店で食料を調達するために車で出かけた。事態が落ち着いたと思ったそのとき、電話が鳴った。国境警備の仕事をしているおじさんからだった。おじさん、戦争に行くんだって！　おばさんは泣きだし、つい最近、兵役(＊46)を終えたばかりのお兄ちゃんは「おじさんと一緒《いっしょ》に行く」と言った。でも、おじさんは「ここに残って家族を守りなさい」と言って、別れの言葉を切り出した。お兄ちゃんの顔は涙《なみだ》でぬれていた。気が強くてがまん強いうちのお兄ちゃんが、小さな子どもみたいに泣きじゃくっていたんだ！　わたしも涙《なみだ》が出たけど、おじさんは、わたしのそばにやってくるとしっかりと抱《だ》きしめて、「必ず帰ってくるから」と約束した。おじさんがドアを閉めると、部屋の中はいきなり空っぽになった感じがした。

その後、また立て続けに爆発音《ばくはつおん》がひびきわたった。みんな、自分の荷物をつかんで地下室へかけこむ。最初はただだまって、家の上を飛んでいくミサイルの音に耳をかたむけていた。

わたしはクマちゃんを抱《だ》きしめて、静かにいのりながら、神様はわたしたちを助けてくださると信じ続けた。お兄ちゃんとパパは、ときどき外に出てはニュースを確認していた。おばさんは、おじさんに何度も連絡《れんらく》をとろうとしたが、返答がないらしい。最終的に爆発《ばくはつ》がやむまで、みんなで地下室に座っていた。そうしているうちに家に帰れるようになったので、ご飯を食べてねむりについた。

　朝が来て、ただの悪い夢だったらいいのに、と思いながら目を覚ましたけれど、「また爆発《ばくはつ》が起きたぞ！」というお兄ちゃんのさけび声を聞いて、現実に引きもどされた。来る日も来る日もこんな感じだった。人生で最もおそろしい日が来るまで、ずっと。

　その日も、いつもと同じような朝だった。朝食をとったあと、午前9時ごろにまたしても爆発音《ばくはつおん》が聞こえたので、あわてて地下室にかけこんだ。

　大好きなクマちゃんを連れて、家族みんなでまた地下室でひっそりと過ごしていた。パパとお兄ちゃんが外に出ていくのが見えた。「家に帰っていい」って言われて、大好きなハリー・ポッターの本が読めたらいいな、と期待した。でもそのとき、銃声《じゅうせい》と、ひとりの男の声が聞こえてきた。その声は、だれかに対して「降伏《こうふく》(＊47)しろ、あと1分だ！」と言っている。ふたりはかけもどってくると、みんなに口を開けてふせるように命じた。その直後だった。爆発音《ばくはつおん》が聞こえてきたのは。パパが子どものころに通っていた学校が爆破《ばくは》された音だった。第二次世界大戦を持ちこたえた学校も、２０２２年2月26日に力つきたのだ。

しばらくすると爆発音《ばくはつおん》がおさまったので、お兄ちゃんとパパは、地下室から出ないようみんなに念をおしてから、ふたりで出ていった。外は強烈《きょうれつ》なけむりのにおいがしたそうだ。ようやく外に出ることを許されたけれど、わたしは「地獄《じごく》に来てしまった」とわかった。周囲のものはすべて赤くそまり、灰まみれだった。学校が燃えたんだ。この日こそ、わたしの人生で一番、恐怖《きょうふ》にさらされた日だ。

そこからの毎日は代わり映えせず、悪いニュースと爆発《ばくはつ》がくり返された。でも、クマちゃんが一緒《いっしょ》だったから、気持ちをしゃんともつことができた。

ある日、パパとお兄ちゃんは家族でハルキウをはなれようと決めた。でも、行き先は決められないまま。で、そんなときに、また電話がかかってきた！　なんと、かけてきたのはおじさんだ。無事で、元気そうな感じ！　パパとお兄ちゃんは、おじさんと話したあと、みんなに荷物をまとめるように言った。どこかが受け入れてくれるはずだから、と。もう午後4時と遅《おそ》い時間で、夜間外出禁止令の制限時間まであと少しだったけれど、お兄ちゃんは車で逃《に》げるべきだと言い出した。

おばあちゃんの家を出発したけれど、それで万事解決とはいかなかった。お兄ちゃんの車のフロントガラスは爆撃《ばくげき》を受けてふき飛ばされていたから、車に乗っている間は雨や雪をあびまくった。「もう無理！」って何度思ったことか。

でも、わたしのいのりが届いたんだと思う。無事におじさんの友達の家がある街外れの村に到着《とうちゃく》した。その小さな家には、20人をこえる人たちがごった返していた。ボルシチとピロシキでおもてなしを受ける。夜は静かにふけていき、久しぶりにぐっすりねむることができた。

翌朝、家族でドニプロへ向かった。そこでは、パパの友達が出むかえてくれた。食事を用意してくれて、住むところも見つけてくれた。わたしたちは今、パパの友達の家のとなりに住んでいるんだよ。

家に帰りたくてたまらないし、友達にも絶対に会いたいし、そして何より、おじさんとハグしたいな！　わたしは、ウクライナ出身で、名前はアリョーナ、12歳《さい》。平和な時間がほしい。家に帰りたい。わたしの望みはただそれだけ！

(＊44)ヘーゼルナッツ、チョコレートクリーム、バタークリームのようなフィリングの層でできたキーウ伝統のケーキ。
(＊45)アレクセイ・ニコラエヴィッチ・ベケトフ。1862年、ロシア帝国《ていこく》時代のハルキウで生まれ、のちにソ連の古典様式の建築家となった人物。
(＊46)18歳《さい》のウクライナ人男性には12〜18カ月の兵役が義務づけられている。
(＊47)爆発《ばくはつ》による衝撃波《しょうげきは》が体内に圧力をかけるため、口を閉じていると耳や口の中の空気が流れずに鼓膜《こまく》が破れるおそれがある。最悪の場合は肺が破裂《はれつ》することもあるため、口を開けて体内の空気を排出《はいしゅつ》し、衝撃《しょうげき》を最小限におさえる。

おわりに

友達の体験談を読んでいて、みんなが経験してきたこと、今なお経験していることがすべてわかってきた。戦争によって、わたしたち全員がさまざまに影響《えいきょう》を受け、ひとりひとりの生活が、なんの前ぶれもなく、がらりと変わったって聞いて、たとえ状況《じょうきょう》が同じであろうと、何を経験するかは人それぞれなんだと身にしみてわかった。毎日、住宅が爆撃《ばくげき》により焼け落ちていくのを目の当たりにしたり、新鮮《しんせん》な空気を求めて外へ出たら、突然《とつぜん》、砲《ほう》撃《げき》に巻きこまれたり、地下室や学校などその場しのぎで作った寒くて慣れない避難所《ひなんじょ》でねむらなきゃならなかったり……こうした出来事は、わたしたちがさけて通れなかった、これまでにないほどおぞましい体験に他ならない。

冗談《じょうだん》ぬきで、戦争が始まってしまったことが、信じられなかった。うるさい爆発音《ばくはつおん》、砲撃《ほうげき》がそこらじゅうにまき散らす恐怖《きょうふ》感、住宅や学校に投下される爆弾《ばくだん》、どれもこれも、まるっきり縁《えん》がないものだったからだ。涙《なみだ》、痛み、パニック、恐怖《きょうふ》がごちゃまぜになっておそってくる。必ず帰ってくるかどうかもわからないのに、愛する人が戦争に行くのを見送ることほどつらいものはない。

家族であれ、ペットであれ、身近に知っている顔があると、すごくありがたい。ひと切れのパンに砂糖をまぶしたり、ぬいぐるみと一緒《いっしょ》に寝《ね》たり、そういうささいなことが、心のよりどころになる。でも、戦争は決してよそごとなんかじゃない。

友達に会いたくてたまらない。いつかまた、みんなに会えるといいな。そして、友達みんなの希望や夢がかないますように。

この言葉で、日記をしめくくりたい。

わたしたちは、まだ子どもだ。だから、平和で幸せな人生を送るのは、当然のことなんだよ！

謝辞

2月24日。わたしの人生ががらりと変わった日だ。

この日記を書き始めた日でもある。苦しみや恐怖《きょうふ》を味わい、もうどうでもよくなりそうになったときにはいつも、座ってこの日記を書いていた。ページをめくっては読み、自分がどう思っているかを確かめて、次の行動に役立てた。わたしがやりたかったのは、自分の経験を文章に書き残すこと。そうすれば、わたしの子ども時代が、戦争のせいでどれほどめちゃくちゃになったのかを、今から10年後、あるいは20年後にふり返って思い出せるからだ。

このような大変な時期に、わたしは本当にたくさんの親切な人たちに出会った。だから、日記の最後の数ページに、その人たちへの感謝の気持ちを書き記しておこうと思う。

わたしの最愛のイリナおばあちゃんは、いつもそばにいてくれた。戦争が始まったその直後から、わたしを支えて、守ってくれた。こわくて手がふるえているときでも、わたしが不安にならないように、いつも寄りそい、味方になってくれたから安心できたんだ。わたしは、それほど長く生きてきたわけじゃないけれど、これまでずっと、おばあちゃんを信頼《しんらい》してきた。イリナおばあちゃんに、心からの「ありがとう」をおくりたい。

自宅のそばは危険区域だってことは、戦争が始まってすぐにわかった。だから避難《ひなん》しなきゃならなくて、おばあちゃんは友達みんなに手を貸してほしいとお願いしたけれど、だれも助けてくれなかった。ただ、インナさんはちがった。インナさんは、ハルキウのなかでもうちの家よりもっと安全な地区にいるから、こっちにいらっしゃいって言ってくれたんだ。わたしの面倒《めんどう》を見てくれて、しかもわたしが気分転換《てんかん》できるように、絵をかいてみたらどうかと提案してくれたインナさん、本当にありがとう。

ハルキウを脱出《だっしゅつ》する方法が見つからず、希望のかけらすら失われたと思ったとき、神様のおかげでトドールさんとオレフさんに出会えた。このふたりのボランティアは、こわい気持ちなんてふき飛ばして、わたしたちをドニプロへ連れていってくれた。その勇敢《ゆうかん》で優しい心に「ありがとう」を伝えたい。

国をまたいで避難《ひなん》していくなかで、わたしは、ラダさんにアルセニーさん、マイナさん、エミリオ神父、そしてアッティラさんというすばらしい人たちにも出会った。この人たちもみんな、寛大《かんだい》で広い心の持ち主だ。

『チャンネル4ニュース』の記者さんたち——パライックさん、フレディさん、フラヴィアンさん、トムさん、デララさん、そしてニックさんは、わたしの人生をまるっと変えてくれた人たちだ。わたしの話に耳をかたむけ、この日記を読みこみ、うてる手はすべてうってわたしたちを救ってくれた。一生懸命《いっしょうけんめい》に動いてくれた記者のみなさんのおかげで、わたしとおばあちゃんはダブリンにわたることができたんだ。この方々のように、すばらしくて親切で、頭の回転が速くて、心が広い人たちは、いつも困っている人を助けたいと考えているんだね。記者さんたちがともした明るくて温かい小さな光は、今もわたしの魂《たましい》の奥《おく》でかがやいているよ。

ダブリンでは、キャサリン・フラナガンさん一家から歓迎《かんげい》を受けた。長く厳しい旅を経験した先には、おとぎ話みたいな人生が待っていたんだよ。住まいは、温かくて居心地のいい、きれいな家だ。ゲイリーさんは、ダブリンの美しい場所をすべてめぐって見せてくれた。キャサリンさんは、自分の勤め先の学校でわたしが学べるよう、入学手続きを手伝ってくれた。人生のなかで、厄介《やっかい》なことばかりの時期に助けをくれたふたりに、とても感謝していることを伝えたい。

新しい学校はとても安全で、のびのびと過ごせる。もうずっとここの生徒だったかと思うほど、とけこめている。自由にグランドピアノをひけるし、テニスコートでテニスも楽しめる。クラスメートから温かくむかえられて、新しい友達もたくさんできた。クラスのみんな、心から親切にしてくれてありがとう。

今住んでいる家の持ち主にも、感謝の気持ちを伝えたい。こんなにきれいな家に住むことができて、わたしたちはとても幸せだ。


わたしの日記を出版するエージェントで、美しくて有能なマリアンヌ・ガン・オコナーさんと出会えたことを、神様に感謝したい。オコナーさんのすばらしいところを書き出したら、この日記の1章分は書けちゃうよ。わたしは、彼女《かのじょ》の温かくて親切なところ、思いやりがあって支えになってくれるところに、とても感謝している。世界には彼女《かのじょ》のような人がもっといてほしい。エージェントとしてわたしのために交渉《こうしょう》してくれることが、とてもほこらしい。

マイケル・モーパーゴさんがきめ細かく支えてくださったことに、心からのお礼の言葉をささげたい。わたしの日記から生まれたこの本に、そしてわたしの人生に注目してくれて、とても光栄だ。これからもずっと、わたしはこの本をもち歩き続けようと思っている。

この日記の出版を持ちかけてくれたブルームズベリー社にも、何よりも「ありがとう」を伝えたい。なかでも、サリー・ベーツさん、ララ・ハンコックさん、ケイティ・ナットンさん、ベアトリス・クロスさん、そしてアリーシャ・ボンサーさんによるチームは、わたしがもっとすてきな人生を送れるように、あらゆる手をつくしてくれた。チームのみんなが、わたしの本の出版に向けて懸命《けんめい》に動いてくれるからこそ、わたしは、学び、幸せになる機会を手に入れたんだ。チーム全員の支えがあれば、きっとうまくいくはず。みんなのおかげでわたしの日記が出版できるなんて、うれしくてたまらないよ。

わたしは、これまでの間に出会った親切な人たち、それに、神様に「ありがとう」を届けたい。すべてうまくいくよ。わたしは、そう信じている！

イリナおばあちゃんと。わたしたちは、いつも一緒《いっしょ》。

イエバ・スカリエツカ
Yeva Skalietska

2010年2月14日生まれ。ウクライナ北東部ハルキウ出身。祖母と一緒に暮らしていた故郷ハルキウが、2022年2月にロシアの侵攻にあう。突如として始まった戦争によるさまざまな苦難を乗りこえ、ボランティアをはじめとする多くの人々による支援を得て、ハンガリー経由でアイルランドへと避難し、現在はダブリン在住。

翻　訳　神原里枝
制作協力　水科哲哉
(INFINI JAPAN PROJECT LTD.)
デザイン　三森健太(JUNGLE)
DTP　竹内直美
校　閲　小学館クリエイティブ校閲室
編　集　寺澤 薫

ある日、戦争がはじまった

12歳のウクライナ人少女イエバの日記

2023年12月13日　初版第1刷発行

著　　者　イエバ・スカリエツカ
訳　　者　神原里枝
発 行 者　尾和みゆき
発 行 所　株式会社小学館クリエイティブ
〒101-0051 東京都千代田区神田神保町2-14 SP神保町ビル
電話0120-70-3761（マーケティング部）
発 売 元　株式会社小学館
〒101-8001 東京都千代田区一ツ橋2-3-1
電話03-5281-3555（販売）
印刷・製本　図書印刷株式会社

Printed in Japan　ISBN 978-4-7780-3600-3